北京市大兴区第三产业
发展现状及趋势预测

王关义 等著

THE STATUS QUO AND DEVELOPMENT PROSPECT OF
THE TERTIARY INDUSTRY
IN DAXING DISTRICT OF BEIJING MUNICIPALITY

经济管理出版社
ECONOMY & MANAGEMENT PUBLISHING HOUSE

图书在版编目（CIP）数据

北京市大兴区第三产业发展现状及趋势预测/王关义
等著. —北京：经济管理出版社，2011.6
ISBN 978-7-5096-1504-1

Ⅰ. ①北…　Ⅱ. ①王…　Ⅲ. ①第三产业—经济发
展—研究—大兴区　Ⅳ. ①F727.13

中国版本图书馆 CIP 数据核字（2011）第 106443 号

出版发行：**经济管理出版社**

北京市海淀区北蜂窝 8 号中雅大厦 11 层

电话：(010)51915602　　　邮编：100038

印刷：三河市海波印务有限公司　　　　　经销：新华书店

组稿编辑：邱永辉　　　　　　　　　责任编辑：邱永辉

责任印制：黄　铄　　　　　　　　　责任校对：曹　平

787mm×1092mm/16　　　　　13 印张　　　200 千字

2011 年 7 月第 1 版　　　　　　2011 年 7 月第 1 次印刷

定价：36.00 元

书号：ISBN 978-7-5096-1504-1

北京市大兴区第二次全国经济普查专项课题

北京市大兴区第三产业发展现状及趋势预测

课 题 顾 问：于世文　总统计师

课题主持人：王关义　教授

课题组成员：付海燕　刘寿先

前　言

推动经济增长是世界各国和地区政府的重要职责，是社会进步和人民生活质量提高的前提和基础。转变经济增长方式是实现国民经济可持续发展的重要途径。目前，我国"粗放型增长方式尚未根本改变"，转变经济增长方式，就是要使生产力发展由高投入、高消耗、高污染、低产出、低质量、低效益转向低投入、低消耗、低污染、高产出、高质量、高效益。实现由粗放型经济增长方式向集约型经济增长方式的转变是今后相当长一段时期的重要任务，也是一种综合性、系统性、战略性的转变。

我国仍处于并将长期处于社会主义初级阶段，保持国民经济又好又快发展，是解决我国所有问题的关键、基础和"总钥匙"。加快推进经济结构战略性调整是加快转变经济发展方式的主攻方向。要坚持在发展中调结构，在调结构中谋发展，实现调结构与谋发展的内在统一和相互促进。而合理确定三次产业比重、大力发展现代服务业体系、加大第三产业发展步伐是加快转变经济发展方式的重要内容，也是提高经济增长质量、效益和国家竞争力的战略重点。

第三产业，又称劳务或服务产业，它的概念最初是由英国经济学家、新西兰奥塔哥大学费希尔教授在《安全与进步的冲突》一书中首先提出来的。在书中，费希尔教授把第一、第二产业以外的所有经济活动统称为第三产业，并把其定义为对消费者提供最终服务和对生产者（包括三个产业的生产者）提供中间服务的部门。我国的第三产业包括流通和服务两大部门，具体分为四个层次：一是流通部门，包括交通运输业、邮电通信业、商业饮食业、物资供销和仓储业；二是为生产和生活服务的部门，包括金融业、保险

业、地质普查业、房地产管理业、公用事业、居民服务业、旅游业、信息咨询服务业和各类技术服务业；三是为提高科学文化水平和居民素质服务的部门，包括教育、文化、广播、电视、科学研究、卫生、体育和社会福利事业；四是国家机关、党政机关、社会团体、警察、军队等，但在国内不计入第三产业值和国民生产总值。

北京作为中国的首都，具有得天独厚的资源优势、优越的发展条件和扎实的产业基础。在新形势下，北京面临新的发展机遇和挑战，建设好"人文北京、科技北京、绿色北京"，向国际型城市迈进是今后一个时期的重要任务。近年来，北京市深入学习实践科学发展观，认真贯彻落实各项宏观调控政策，全市经济在调整中平稳发展，转变经济发展方式稳步推进。2010 年，全年实现地区生产总值 13777.9 亿元，比上年增长 10.2%。其中，第一产业增加值 124.3 亿元，下降 1.6%；第二产业增加值 3323.1 亿元，增长 13.6%；第三产业增加值 10330.5 亿元，增长 9.1%。整个"十一五"期间，全市地区生产总值年均增长 11.4%。其中，三次产业年均分别增长 1.4%、9.5% 和 12.3%。三次产业结构由 2005 年的 1.3∶29.1∶69.6 转变为 2010 年的 0.9∶24.1∶75。产业结构得到显著改善和调整，产业素质进一步优化提升。

未来一段时期，北京市继续保持把发展第三产业和现代服务业作为产业结构优化升级的战略重点，以发展生产性服务业为突破口，促进服务业与制造业有机融合，促进三次产业在更高水平上协同发展。要进一步加快发展科教文卫、体育、社会福利等社会事业，既要为转变发展方式培育新的产业亮点，又要为转变经济发展方式提供制度保障和良好环境。

"十一五"以来，在北京市委、市政府的正确领导下，大兴区委、区政府深入学习实践科学发展观，经济建设、政治建设、文化建设、社会建设和生态文明建设取得显著成就。大兴区和北京经济技术开发区实现了两区行政资源的整合，实现资源优势互补效应和政策品牌放大效应，为新区发展增添了强大动力。整合后的新区地区生产总值年均增长 18% 以上，人均地区生产总值超过 1 万美元。产业结构不断优化，三次产业比重由 2005 年的 3.5∶72.7∶23.8 调整为 2009 年的 2.0∶52.7∶45.3。科技创新服务体系不断完善，科技创新环境不断改善，自主创新能力不断增强，电子信息、生物医药、装

备制造和汽车制造等高技术制造业向专业园区集聚发展壮大，基本确立了在全市工业中的主导地位。现代商业、金融、流通、旅游、文化创意、工业设计以及对外经济贸易领域发展水平显著提高。近年来，大兴区一般预算财政收入年均增长 20%，北京经济技术开发区财政收入年均增长 40%，新区全社会固定资产投资年均增长 27%，城镇居民人均可支配收入年均增长 10%，农民人均纯收入年均增长 10%，社会消费品零售额年均增长 21%，综合实力显著增强。

"十二五"期间，大兴区确立了把调整产业结构、优化三次产业结构放在经济工作的重要位置的指导思想，坚持"优化一产、做强二产、做大三产"的发展思路，重点发展高端、高效、高辐射产业，引导产业集约、集聚、循环发展，确立高技术制造业和战略性新兴产业的领先优势。适应后工业化时期产业融合发展趋势，以科技进步和创新为重要支撑，引导三次产业集约、集聚与协调发展，发挥产业之间关联发展的放大效应。

《北京市大兴区第三产业发展现状及趋势预测》一书是在对北京市 2008 年经济普查专项课题研究成果进行充实和完善的基础上形成的。课题组经过一年多的辛勤工作，前后整理和处理了大量经济普查获得的数据和资料，多次征询专家意见，几易其稿，最终完成了课题的研究。本书在理论阐述的基础上，详细分析了大兴区第三产业发展的现状，结合新区建设的情况，梳理了第三产业发展中面临的优劣势，并运用定量分析法对大兴区第三产业发展的前景进行了科学预测，提出了既要发挥政府的引导作用，又要充分发挥市场配置资源的基础性作用，结合大兴区的优势大力发展第三产业的若干对策。

本书的出版能为大兴区积极把握北京南城发展机遇、优化区内产业结构和定位、打造有竞争力的南城新区提供有益的建议，对大兴区委、区政府制定推动第三产业发展的宏观政策具有较高的借鉴价值。同时，希望本书的出版能为北京市大力发展战略新兴产业、建设"三个北京"和国际化大都市提供依据和参考。另外，本书成果也能为国内其他城市或地区第三产业特色定位与发展战略的制定提供一定的启示。本书的顺利出版得到了北京市教委学科与研究生教育专项基金（项目编号：PXM2009—014223—075995）资助，

得到了北京石油化工学院王伯安教授，北京印刷学院马杰、马二军、史国敏、王海云、李冶堂、林秀雨等同志的支持和帮助，在此一并致谢。

书中不当之处敬请批评指正。

王关义

2011年3月于北京

目　录

第一章 基本概念与理论综述

第一节 第三产业的基本概念

一、第三产业的含义

第三产业，又称劳务或服务产业，是一个复杂的经济范畴，包括的行业多，涉及的范围广。它的概念最初是由英国经济学家、新西兰奥塔哥大学费希尔（A.Fisher）教授在《安全与进步的冲突》一书中首先提出来的。在书中，费希尔教授把第一、第二产业以外的所有经济活动统称为第三产业。按照三次产业发展的历史，第一产业是指通过人类劳动直接从自然界取得产品的部门，因此，农业和采掘业属于第一产业。第二产业是指对第一产业和本产业提供的产品（原料）进行加工的部门，工业和建筑业属于第二产业。第三产业是指对消费者提供最终服务和对生产者（包括三个产业的生产者）提供中间服务的部门。目前，关于它的定义，无论是在国外经济学界还是在国内经济学界都还没有取得权威性的一致意见。

在我国的政府文件、统计年鉴和学术研究中，第三产业通常和第一、第二产业同时出现，而服务业则是相对于农业、制造业来说；并且有学者指出第三产业主要是相对于国内经济的，服务业的经济结构含义则是面向国内和国际两个市场的。尽管如此，我国对"第三产业"和"服务业"并没有做严

格的区分。通常认为第三产业即约等于服务业,二者很难划分开来。

1985年5月,国家统计局确定了中国三次产业的划分界限,正式提出了《关于建立第三产业统计的报告》,随后中国发布了《国务院办公厅转发国家统计局关于建立第三产业统计的意见》,确定了中国的三次产业划分标准。其中,我国的第三产业包括流通和服务两大部门,具体分为四个层次:一是流通部门,包括交通运输业、邮电通信业、商业饮食业、物资供销和仓储业;二是为生产和生活服务的部门,包括金融业、保险业、地质普查业、房地产管理业、公用事业、居民服务业、旅游业、信息咨询服务业和各类技术服务业;三是为提高科学文化水平和居民素质服务的部门,包括教育、文化、广播、电视、科学研究、卫生、体育和社会福利事业;四是国家机关、党政机关、社会团体、警察、军队等,但在国内不计入第三产业产值和国民生产总值。由此可见,第三产业基本是指一种服务性产业。

二、第三产业的分类方法

第三产业涉及的领域十分广泛,涉及的内容也十分庞杂,有些内容还有很大的跨度性。例如,运输业既属于物质生产活动,又属于服务活动,这使得第三产业的分类成为一个十分复杂的问题。然而,对第三产业进行科学分类,不仅是统计的需要,而且也是对它进行结构分析、结构管理的需要。目前国内外从理论和实践两方面对第三产业的分类进行了诸多探讨,归纳起来,大致有以下几种。

1. 一般的分类方法

这是根据各个部门所具有的经济职能来进行分类的。

(1)从服务职能的角度进行分类。例如,日本的中山裕登在《新兴第三产业》一书中把第三产业分为提供物品的服务(又分为销售、租赁、饮食)、提供场所的服务、运输服务、金融服务以及狭义的服务业(又分为劳动服务、信息服务、文化服务)。我国一些经济学家根据第三产业的经济性质,将第三产业分为以下四大类:一是生产性服务,指直接和生产过程有关的服

务，包括劳动手段的修理、劳动力的培养和"修理"、经营管理活动；二是生活性服务，指直接为满足人们生活需要的服务，包括加工性服务、活动性服务、文化性服务；三是流通性服务，指商品交换和金融业务领域的服务，包括生产过程的继续等交换性服务、金融业服务；四是综合性服务，指不限于某个领域的交叉性服务活动，主要包括运输业、公共事业、信息业、旅游业。

（2）从生产、消费或物质、非物质的角度按职能分类。这一分类标准是按第三产业各部门在社会经济中属于为生产服务还是为消费服务、属于上层建筑还是属于经济基础。1974年2月日本《劳动统计调查月报》中利用产业关联表将第三产业划分为以下三类，即将其中加国内总固定资产形成的比例占全部产业平均值以上者划分为与生产相关联的产业；将民间消费支出的比例占全部产业平均值以上者划分为与消费相关联的产业；把不属于任何一方者划分为中间产业。1975年石畸唯雄按职能将第三产业划分为以下五大类：与物质资料相关联的对企业的服务；与物质资料无关联的对企业的服务；与物质资料相关联的对消费者的服务；与物质资料无关联的对消费者的服务；公共服务。又如20世纪80年代饭盛信男在《经济政策与第三产业》一书中将第三产业作了如下划分：商业、金融保险业、不动产业、运输通信业、服务业、城市公益业、公务业。其中前四个产业又进一步划分为生产性服务和消费性服务，服务业又分为个人服务、企业服务和公共服务。

2. 按第三产业内部各行业劳动过程和劳动成果的特点进行分类

日本大藏省经济结构变化与政策研究会在1985年把日本的第三产业分为13类：批发零售业、为企事业服务的商用服务业、家庭服务业、饮食服务业、文化业、娱乐业、运输业、信息业、自由业及其他、金融业、不动产业、能源供给业以及公共服务业。1984年美国商务部把服务业分为以下七大类：交通运输、通信、公用事业、批发零售业、金融、保险和不动产、个人和企业服务。也有把服务产业分为贸易、金融、保险和不动产四大类的。为使各国资料可以对比和综合，联合国参照各国的部门分类制定了一个《经济活动国际标准分类》，把第三产业分为四大类13个部门：①批发、零售业、

饭店和旅馆业；②运输和仓储业、邮电通信业；③金融、保险、房地产和商业服务；④公共、社会和个人服务，包括行政管理和国防、清洁卫生业、教育、科学、医疗保健、社会保障、娱乐和文化事业、个人和家庭服务等。

3. 按服务对象进行分类

日本经济调查协议会将第三产业分为对企业的服务业和对个人的服务业、对个人及对企业的服务业、公共服务、准公共服务。1977年希尔将服务业分为作用于人的服务（它可以改变人的物质或精神状况）、作用于商品的服务（它可以改变商品的物质状况）以及既作用于人又作用于商品的服务。我国的一些经济界人士也按此标准将第三产业划分为以下三大类：为生产和企业服务的行业、为社会服务的行业、为个人生活服务的行业。

4. 按服务生产的形态进行分类

日本的江见康一把第三产业划分为资本密集型服务和劳动密集型服务。

5. 按衡量服务生产率难易程度不同进行分类

1986年英国的吉恩·盖德雷据此将服务分为四大类，即半生产性服务（产品是能被衡量的标准化产品）、半生产性的非物质性生产服务（产量难以衡量）、无形的个人服务（产量难以衡量）和组织性服务。

6. 按劳动中所处的地位（阶级结构）进行分类

饭盛信男在《第三产业》一书中按自营小业主对雇佣者的比率以及从业家属对被雇用者的比率把第三产业分为现代的部门和传统的部门，以现代资本主义关系占主导地位的是现代部门，以前资本主义关系占主导地位的则是传统部门，按此标准，金融保险、交通运输、公用事业等基本上具有现代部门的性质，而批发、零售、房地产业及服务行业（特别是零售业和个人服务业）则基本上具有传统部门的性质。

7. 从国际贸易的角度按服务需求者和供给者是否要求在两国之间移动进行分类

M.斯特恩和 M.霍克曼从国际贸易的角度将服务业分为以下四种类型：可分离的服务（需求者和供给者都不移动）、以需求者为居点的服务（只有供给者的移动）、以供给者为居点的服务（只有需求者的移动）、自由自在的不可分离的服务（供给者和需求者都移动）。每一种类型又可进一步分为与商品有关和与商品无关的服务。

8. 按照经济体制进行的分类

日本的都留重人将第三产业与经济体制的特征联系起来，把第三产业分为经济体制中不可缺少的部分和随着经济体制的改变而变成无用的部分。前一部分包括以下几类：①由于与物质生产相关联而被看成是生产劳动的部分，如电气、煤气、自来水业、运输、通信、保管业以及承担供应货物职能的商业等；②有利于提高劳动者生产效率的部分，如教育、科技咨询、医疗等；③为了保障整个社会经济顺利发展的服务；④属于消费者个人各自购买的服务。后一部分指与资本主义无政府的生产相关联而发展起来的行业，如商业、不动产、广告、保险、证券业的大部分，以及律师、各种企业的经营管理咨询服务。

9. 根据经济理论进行的分类

饭盛信男在《第三产业》一书中还根据价值论和社会再生产理论将第三产业分为以下五类：与事业相关联的服务部门、与事业相关联的流通部门、与消费相关联的服务部门、与消费相关联的流通部门、非生产部门（社会上层建筑）。井原哲夫在《服务经济学》一书中按照"服务的必需性"和"需求时间的代替费用"的高低将第三产业分为以下四部分：两者都高的部分，如公益事业；两者都低的部分，如一部分商业；前者高后者低的部分，如清扫；前者低后者高的部分，如体育设施。

以上第三产业的各种分类都是从不同角度就第三产业的某一方面进行的

分类。我国经济学家石柱成等在《第三产业经济分析》中，根据第三产业的主要属性和功能提出了第三产业的综合分类体系。先按劳动性质，即按第三产业各部门的劳动是否创造价值进行分类：首先，按劳动的生产性和非生产性把第三产业分为生产行业和非生产行业；其次，对属于生产性的第三产业按其是否形成价值划分为形成价值的产业和不形成价值的产业，也即能够实行商品化经营的部门和非商品化经营的部门。再按再生产部类，即第三产业各部门是属于服务生产资料生产还是属于服务消费资料生产进行分类：将第三产业的生产性行业划分为为生产服务行业、为消费服务行业和为社会服务行业，其中的前两个行业是能够实行商品化经营的部门，后一个行业是非商品化经营部门。最后按再生产职能，即按第三产业部门在再生产中发挥的职能是流通还是服务进行分类：将第三产业中生产性行业划分为流通部门、服务部门和为社会服务的部门，其中前两个部门是能实行商品化经营的部门。

我国政府通常采用的第三产业分类方法主要有以下两种。一种是国家统计局 1985 年 5 月在《关于建立第三产业统计的报告》中，将第三产业分为两大部门和四个层次。两大部门是流通部门和服务部门。四个层次分别是：第一层次是流通业，包括交通运输业、邮电通信业、商业、饮食业、物资供销业和仓储业；第二层次是为生产和生活服务的行业，包括金融业、保险业、地质普查业、房地产业、公用事业、居民服务业、旅游业、咨询业、信息服务业和各类技术服务业；第三层次是为提高科学技术水平和居民素质服务的各个行业部门，包括教育、文化、广播电视、科学研究、卫生、体育和社会福利等；第四层次是为社会公共需要服务的行业部门，包括国家机关、党政机关、社会团体和军队警察等部门。另一种是国家统计局 1987 年 10 月在《投入产出部门分类和代码》中，将第三产业划分为八大类，每个大类又细分为若干中类，每个中类再细分为若干小类。目前被广泛提及和运用的是第一种分类方法。

第二节 第三产业发展的理论综述

一、对国外第三产业发展的理论综述

1. 早期的服务经济理论

在经济思想史上，最先出现的概念是"服务"而非"第三产业"。第一个阐明服务业特殊性质的经济学家是古典经济学集大成者亚当·斯密（Adam Smith，1723~1790）。斯密生活的时代，服务业从业人员主要是由家仆、政府雇员组成，因此，产业结构、劳动力结构就与现代有很大不同。斯密将人类劳动区分为生产性劳动与非生产性劳动，尽管尚未摆脱将价值与物质形式相联系的桎梏，但是却成功摒弃了将价值与具体劳动相联系的片面性，具有进步意义。马克思（Karl Max，1818~1883）继古典经济学家之后较为系统地讨论了生产劳动与非生产劳动，并将运输业作为生产性行业进行理论分析，这对于认识服务业的本质具有重要意义。萨伊（J. Say，1766~1832）是效用论的创始者，他认为生产创造的不是物质而是效用；"泛服务论者"的代表法国经济学家巴师夏（Frederic Bastiat，1801~1850）则把所有的使用价值都归入"服务"这一范畴，他的理论继承了萨伊的观点并产生了广泛而深远的影响。在瓦尔拉斯（Walras，1834~1910）那里，商品与服务业的界限已经变得非常模糊，到了马歇尔（1842~1924）那里，西方主流经济学派已经不再讨论服务与商品的区别了，只是偶尔在论述具体部门时讨论一下服务业的性质。到新古典经济学确立主流经济学地位之后，正如马歇尔预言的那样，关于商品和服务、生产性劳动与非生产性劳动的区别已经逐渐消失。

20 世纪 30 年代，随着福利经济学的发展、国民经济统计方法的完善以及世界经济形势的迅速变化，服务业在国民经济中的重要地位重新引起了理论界的重视。1935 年，费希尔（A. Fisher）出版了《安全与进步的冲突》一

书，在该书中费希尔主要探讨如何适应激烈的产业结构变化的现状问题，尝试性地提出三次产业的划分。他超越了澳大利亚和新西兰仅把三次产业作为经济统计上的意义，而把它作为描述历史变化和经济发展阶段的框架，但当时的第三产业与现代的服务业有很大不同。此后，统计学家柯林·克拉克（Colin Clark，1940）、法国经济学家弗拉斯特（Jean Fourastie，1949）分别提出并完善了三次产业分类法，这为第三产业区别于第一、第二产业奠定了坚实的理论基础。

2. 当代第三产业发展的研究文献

（1）丹尼尔·贝尔的后工业社会理论。丹尼尔·贝尔（Daniel Bell，1974）将人类社会发展进程分成三个阶段：前工业社会（农业社会，年人均收入50~200美元，1974年价格）、工业社会（人均年收入200~4000美元）、后工业社会（社会基础是服务，人均年收入是4000~20000美元）。贝尔认为，服务业在经济总体的比重与经济发展水平的关系并非简单的线性关系，有必要将"后工业社会"的服务业与在此之前的服务业加以区分，以突出"后工业社会"服务业的特性。他将服务业的发展划分为三个阶段：农业社会以个人服务和家庭服务为主；工业社会以与商品生产有关的服务业如商业为主；后工业社会则以知识型服务和公共服务为主。此外，贝尔认为从工业社会向后工业社会过渡的过程中服务业历经了三次转变：一是在工业发展阶段，由于商业移动的需要和对能源需求的提高，交通和公共设施作为其辅助服务必然扩展；二是由于商品消费和人口增长，在流通、金融、房地产和保险等领域白领就业将上升；三是随着国民收入提高以及人们需求和品位的变化，第三部门即个人服务开始增长，如旅馆、酒店、自动服务、旅游、娱乐、休闲、运动等。按照贝尔的思路，服务业的发展历程大致是：个人服务和家庭服务—交通通信及公共设施—商业、金融、保险、房地产、休闲性服务业、知识密集型服务。这是他大致的分析思路，对此他并没有进行严密论证。

贝尔的分析表明服务业并非像一般人所认为的只有在经济发展较高水平时才占据较大比重，在农业社会和工业社会阶段服务业的比重就不低；服务业是一个内容丰富的大产业，分支行业繁多，服务业内部结构随经济发展呈

现一定的变化趋势（规律）。因此，对服务业的分析要细致，不能将其所有的行业一概而论。探寻服务业内部结构的演变趋势无疑具有重要的理论意义。

（2）富克斯的服务经济理论。富克斯（Victor R. Fuchs，1968）较详细地阐述了从工业经济过渡到服务经济这一历史过程当中服务业就业人数增长情况（也涉及服务业内部就业结构）及其成因与影响。富克斯认为，第二次世界大战（以下简称"二战"）后工业人员转向服务行业的趋势很明显。他认为，虽然这种转向是平平静静地进行的，但其"革命性"对社会与经济都有影响。富克斯以美国为例分析服务业就业人数增长情况及其原因。他所界定的服务业包括批发和零售商业、金融保险和不动产、专业的和企业性服务、一般政府部门等。美国服务部门的就业人数在全国就业总人数中所占份额已从1929年的约40%增至55%；仅就1947~1965年的情况而言，服务部门就业人数就增加了1300万，而工业部门只增加400万，农业部门还减少了300万。在此期间，服务部门内部各分支行业就业增幅最为显著的是专业服务和企业性服务，较之1929年两者分别上涨约1倍和3倍，其他服务行业就业份额都略有上升，升幅相对平缓。富克斯设想有以下三个主要原因导致就业情况急剧变化：一是对服务业的最终需求增长较快；二是对服务业的中间需求相对增长；三是服务业的每人产值增长较缓。富克斯通过他所掌握的统计资料进行分析后认为，即使考虑统计误差因素，前两个原因对就业增长的影响较小，不是主要原因。他认为，就业变化的主要解释是，服务部门每人产值的增长要比其他部门慢得多。换言之，一定量产品所需的劳动量的减少在农业部门和工业部门比在服务部门快。1929~1965年，所有服务行业（他所定义的服务业）这段时期每人产值变化率低于整体经济的变化率，一般政府机构尤甚，这一时期几乎没有变化。富克斯认为服务部门每人产值增长缓慢的原因在于工业部门的劳动质量提高比服务部门快得多、工业部门的技术变革比服务部门迅速或前者从日益发展的规模中受益更多。被富克斯列在工业部门中的运输、通信和公用事业的变化率则分别高于整体经济水平，是所有行业部门中最高的。

（3）格鲁伯和沃克对生产者服务的分析。格鲁伯和沃克（Grubel and Walker，1988）将服务分为以下三类：消费者服务、政府服务、生产者服务。

消费者服务是指用于最终消费支出的消耗性服务，如餐饮、娱乐、个人及家庭服务等。政府服务是指发生在公共教育、医疗、福利、国防、司法及其他政府系统的消耗性服务。生产者服务，也称作中间投入服务，它不是被消费者所购买或被政府提供的服务，而是包括会计、金融、广告、保安、仓储等内容的专业服务、企业服务。格鲁伯和沃克特别重视生产者服务。他们认为生产者服务是人力资本与知识资本的传送体，是专业化程度提升的表现。他们还认为，生产者服务是商品生产领域生产率提高的重要源泉，也是企业或新产品比较优势的重要决定因素。生产者服务的重要性被实际情况所验证。格鲁伯和沃克分析了加拿大及部分经济合作与发展组织（OECD）国家的生产者服务与其他两类服务的增长情况。1970~1984年，加拿大、美国、日本、希腊、挪威、瑞典生产者服务占实际与名义的GDP份额在28%~33%，占整个服务业份额的一半以上。这几个国家的消费者服务与政府服务的GDP份额（实际与名义）相差不大，一般在13%~18%。他们还指出，生产者服务产出与生产率的计量由于目前统计、测量体系的缺陷而不能完全反映出来。

（4）新工业主义理论。前面提到，富克斯认为经济"服务化"对社会与经济都带来革命性影响，然而新工业主义者（Jonathan Gresham et al.，1978）与其观点迥然不同。新工业主义者争论的问题实质是：未来社会是主要生产服务还是生产物品（此处的物品是指实物产品）。新工业主义理论认为，未来社会并不是以服务需求为动力的"服务经济"模式，而仍然是以物品的需求增长为动力的"工业经济"模式，只不过由于生产技术的进步，现代的工业生产已经不再依靠体力劳动为劳动投入方式，而是以人力资本为主要的劳动投入方式，因此劳动分工向远离体力劳动的方向发展，企业中的管理人员、技术人员和销售人员可能多于一线的劳动工人。同时，由于对劳动力素质要求的提高，与人力资本投资有关的产业如教育会相应得到蓬勃发展。但并不意味着服务最终需求会扩大并成为经济发展的动力。未来社会的发展不是服务社会，而是新工业生产技术和组织方式下的新工业社会。对于工业和服务的关系，新工业主义理论认为：①物品和服务是互补的；物品多样化和复杂化同时意味着对服务需求范围和种类的增加。②生产者服务是服务业增长的最强劲和最主要部分。某些服务由于可以标准化而能够实现不同程度的

产业化，这些服务业因而可以达到规模经济和提高生产率，即从技术层面看，这些服务业具有工业的特点。③在新的社会制度结构（主要是城市化）中对企业的"高级服务"是不可避免的。从这些论点看出，生产方式虽然日益"服务化"，但这些变化或者是由于物品本身生产过程的组织或技术的变化，或者是由于物品生产的复杂化所引起的对服务需求的增加。总之，新工业主义理论认为服务是围绕物品生产展开的。

当今社会，服务业占国民经济的比重增加，经济呈现"服务化"趋势已成为不争的事实。虽然新工业主义者的观点有些偏颇，但他们认为某些服务业可以"产业化"的观点具有一定的参考价值。

（5）鲍莫尔的"成本病"模型。鲍莫尔（William L. Baumol, 1967, 1985）认为，经济体中存在两个由其本质所决定的生产率增长率不同的部门：进步部门和停滞部门，后者主要为服务部门。在生产率增长内在不均衡的经济中，由于名义工资是同水平增加的，那么不可避免地，停滞部门的成本（主要是工资成本）将不断积累、无限地上升。其结果是，如果该停滞部门需求价格弹性不高，那么对它的产品的消费将不得不支付越来越大的成本。对于此类部门，由于它的消费成本越来越高，个人可能无法完全负担这种费用，从而转向政府资助。但这些"成本病"无法医治，由此将给政府带来严重的财政困难。20 世纪 80 年代鲍莫尔对其"成本病"模型进行修改，在进步部门和停滞部门之间增加"渐进停滞部门"，但核心思想未变。他认为，经济体中的部门可以分为进步部门、停滞部门和渐进停滞部门三类。生产率的不均衡增长表现在进步部门生产率增长较快，停滞部门生产率增长缓慢，甚至停止，渐进停滞部门生产率开始增长较快但随后停滞。如果在实际产出方面这三类部门保持均衡增长，则劳动力将转移到停滞部门和渐进停滞部门的停滞成分中，它们在产品总成本中的比重也将不断上升。

（6）非工业化理论。英国 20 世纪 70 年代中期出现"滞胀"的严峻经济形势，部分学者将此归因于制造业比重下降或"非工业化"。对非工业化的成因与危害形成两种理论观点。"生产者太少"理论认为，英国经济"非工业化"导致滞胀，根源在于服务业，尤其是服务业中非市场部门（主要是政府部门）吸纳过多的社会资源。由于非市场化服务业生产率低、不可贸易，

所以流入这些部门的资源类似于一种净消耗：一方面，这些资源不能通过市场生产得到补偿；另一方面，更重要的是为维持这些日益庞大的公共部门，政府不得不提高税率和扩大税基，如此最终会影响经济增长。另有观点认为，"非工业化"与制造业比重下降无关，而主要与国际收支是否因制造业比重大幅下降而出现恶化有关。这种观点认为，服务业可贸易性受到限制，当时英国的旅游业和娱乐业不能像制造业那样长期创造外汇，因此贸易比重中服务业上升所带来的外汇增长不能弥补制造业下降所带来的外汇损失，两者之间的差距会使国际收支失衡状况不断恶化。即"非工业化"不是国内结构失衡问题，而是当国内市场与国际市场连接时出现的结构失衡问题。

非工业化理论将经济滞胀完全归咎于服务业的观点有较大偏颇与历史局限性。在当今社会，服务业中除了政府部门这一非市场化部门外，还有较多市场化部门，市场化部门中有不少是生产率较高的部门；因背景条件发生变化，服务业可贸易性受到限制这一状况在大多数国家已不复存在，西方国家利用其强大的影响力扩大服务贸易范围、推动发展中国家开放服务业市场，服务贸易为发达国家带来了巨额的国际收支盈余。

二、国内有关第三产业发展的理论综述

1. 李江帆关于我国第三产业的研究

我国对服务理论的研究始于 20 世纪七八十年代，关于服务的理论基本是围绕生产劳动和非生产劳动的性质和划分来展开的。20 世纪 80 年代前半期对服务理论的研究在各方面都有不同程度的突破，但基本集中于论证服务的价值创造问题。1986 年李江帆出版了《第三产业经济学》一书，该书从社会产品的概念更新入手，论证了服务业是一种产品，然后以服务产品的生产、流通、分配和消费的"四环节"运动为主线，分析其中的经济现象、经济关系和经济规律，构筑起一个逻辑严密的第三产业经济学理论新体系。

最近几年我国对第三产业的实证研究有了较大的进步。李江帆（2000）在其主持的课题"第三产业内部结构与中国发展第三产业的政策研究"中分

析影响第三产业内部结构的因素：一是需求因素，包括中间需求、最终需求、投资、服务输出；二是供给因素，包括劳力、资本、技术、资源；三是其他因素，包括国民经济增长、工业化、城市化水平、制度（具体分为产权制度、宏观管理制度、微观企业制度）。该课题组对我国第三产业内部结构特点做了详细分析。

（1）20世纪90年代中国第三产业内部各行业的比重特点。①批发零售贸易和餐饮业，金融保险业，交通运输、仓储和邮政业是第三产业各行业中增加值比重较高的支柱性行业。②交通运输、仓储和邮政业，批发零售贸易和餐饮业，金融保险业是增加值贡献份额最大的三个行业。③批发零售贸易和餐饮业，交通运输、仓储和邮政业，教育文化艺术和广播影视业三个行业是第三产业就业比重较高的支柱性行业。④1978~1999年中国第三产业中就业贡献份额最大的三个行业是批发零售贸易和餐饮业，交通运输、仓储和邮政业，社会社团个人服务业。⑤第三产业内部各行业都存在不同程度的结构偏离度（某一行业就业比重与产值比重之差，与劳动生产率成反比）。其中，市场化程度较低的垄断性行业结构偏离度较高，如金融保险业，交通运输、仓储和邮政业。⑥交通运输、仓储和邮政业，社会社团个人服务业，机关和社会团体，教育文化艺术和广播影视业是第三产业中基本建设投资额较大的行业。

（2）20世纪90年代中国第三产业内部各行业的效率特点。①生产率特点。房地产业、金融保险业是第三产业中劳动生产率比较高的两个行业，批发零售贸易和餐饮业、金融保险业是第三产业中基建投资资金效率较高的两个行业。②收入特点。房地产业，金融保险业，科研和综合技术服务业，交通运输、仓储和邮政业是第三产业中收入较高的行业。

（3）20世纪90年代中国第三产业内部各行业对外开放的特点。①外商实际直接投资比较高的三个行业是房地产业，社会社团个人服务业，交通运输、仓储和邮政业。②第三产业总体上表现为服务输出，但内部各行业的差异较大，商业，社会社团个人服务业，交通运输、仓储和邮政业，旅客运输业，餐饮业，教育文化艺术和广播影视业为服务净输出，其余行业为服务净输入或进出口持平。

另外，该课题组还针对第三产业结构所存在的问题，提出第三产业发展

策略，第三产业市场化推进策略，战略性服务业扶持、培育策略以及第三产业区域结构优化与西部地区第三产业发展策略。

2. 郭克莎关于我国第三产业的相关研究

郭克莎（2000）对我国第三产业结构变动特征及与其他国家进行国际比较时呈现出的问题做了阐述。他的主要观点如下：

（1）从当年价格反映的第三产业结构变动看，20世纪80年代拉动第三产业产出比重（占 GDP 的比重）上升的主要是金融保险业，同时商业，餐饮业，交通运输、仓储和邮政通信业，以及房地产业也起了一定作用；而1990~1997年，导致第三产业产出比重下降的主要是运输和仓储业，然后还有政府和社会团体服务业、金融保险业，但邮政通信业和社会团体服务业的比重上升起了较大的抵消作用。从不变价格反映的第三产业结构变动看，20世纪90年代以前对第三产业产出比重上升起最大作用的也是金融保险业；而1990~1995年对第三产业比重下降影响较大的行业，主要表现为商业和金融保险业，然后是科教文卫福利业与政府团体及其他，但房地产业和社会社团个人服务业的比重上升对第三产业比重的相对稳定起了较大的支撑作用。

（2）20世纪80年代我国产出结构变动趋势与国际上的一般趋势相比，虽然存在一定差别，但主要趋势是一致的。80年代第三产业占 GDP 比重的大幅度上升，与产出结构的变动趋势有一定关系。但是，1990~1997年中国第三产业当年价格产出结构的变动中，商业、餐饮业的比重有所上升，而交通运输、仓储和邮政通信业、金融保险业的比重明显下降。可以说，20世纪90年代第三产业占 GDP 比重下降，与此直接相关。

（3）20世纪80年代第三产业就业结构中，除科教文卫外其他行业比重（占全社会就业与占第三产业）均上升，这些行业共同拉动第三产业就业比重上升。90年代以来，第三产业就业结构中比重上升的只有商业、餐饮业、房地产业以及其他服务业。

（4）差别和问题分析。改革开放以来中国第三产业就业结构变动与发展中国家的一般趋势相比，存在一些差别，其中有些是合理的，而有些则是不合理的。例如，中国商业、餐饮业的比重趋于上升，如果考虑这个行业比重明显低

于其他国家的水平，那么变动趋势的差别是合理的。但是金融保险、房地产和包括地质水利、科研技术服务等在内的产业服务业总的比重不是逐步上升而是有所下降，导致这类行业在第三产业中的比重与大多数发展中国家相比相对较低，这是一种不合理的趋势。郭克莎还提出"其他服务业"问题。他认为，由于统计方面的原因，"其他服务业"在中国第三产业就业结构中的比重一直大幅度上升，这就使得别的行业的比重变动受到影响或得不到反映。

郭克莎还分析了产业结构偏差对我国经济增长的制约。他认为，20 世纪90 年代以来我国产业结构偏差加深；第二产业产出比重升幅过大；第三产业实际产出比重不合理情况有所减缓。就第三产业而言，20 世纪 90 年代产出比重上升缓慢，以不变价格计算的实际比重出现下降趋势，使我国第三产业比重与其他国家差距进一步拉大——比相同发展阶段国家一般模式大概要低出 10~20 个百分点。他认为，结构偏差使我国经济增长速度受到需求制约：一方面，需求结构变动中物质产品需求比重下降而服务产品需求比重上升毕竟是一种具有内在规律的趋势，对工业品需求的增长不能不受到趋势制约，结果是工业品相对过剩和生产能力闲置越来越突出，从而由工业增长支撑的经济增长速度难以回升；另一方面，第三产业比重偏低，消费性服务的规模、种类和质量不适应社会消费水平提高和消费结构变化的需要，阻碍消费需求扩大。郭克莎认为，20 世纪 90 年代后期出现的生产过剩、经济回升乏力表面上看起来是总量问题，实际上是结构问题。他还认为，结构偏差还影响我国经济增长质量的提高：①第三产业中很大一部分是为第一、第二产业扩大生产规模和提高生产效率服务的，如交通运输、仓储和邮政通信业，商业，金融保险，教育，科研，技术服务等产业部门，不仅是连接生产与市场的中间环节，而且是其他产业提高发展水平的重要条件。这些第三产业部门发展滞后会影响第一、第二产业以及整个经济协调增长和增长效率的提高。②对经济稳定程度提升造成不利影响。他认为，第三产业发展受景气循环影响较小，很多服务业需求在经济衰退时仍保持相对稳定，故相对于容易受商业存货和国际贸易影响的工业来说，第三产业对国民经济增长作用率的上升是经济稳定度提高的重要解释变量。而我国由于第三产业比重偏低则不能对经济稳定增长起较大支撑作用。

3. 其他学者的研究成果

关于我国第三产业发展、结构演变所依存的时代背景与第三产业在国民经济发展中的地位，国内还有不少学者做过成果丰富的研究。刘伟、杨云龙（1992）认为工业化与市场化是中国第三产业发展的双重历史使命。他们认为，中国正处于工业化加速时期，在这一时期，第三产业无论是在比重结构的扩张上，还是结构效益上，对整个经济增长的贡献相对于工业均处于次要地位，第三产业在工业化加速时期不可能取代工业的领先地位；这一时期第三产业的加速发展只能以已有的工业化进展为依托，并且加速发展第三产业的首要目的应在于促进工业化加速实现，不可能脱离工业化进程而追求后工业社会的产业结构特征。此外，他们还认为发达国家发展历史上无论是在第三产业结构比重上还是在第三产业比重扩张的结构效益上，在进入工业化加速期之前，均已达到一定的高度，这种高度的形成是与其商业革命和市场体系确立联系在一起的；而发展中国家包括中国在内，在工业化未完成的同时，大都未完成体制的市场化，因此第三产业发展除了必须接受工业化进展的这一发展条件外，还必须适应市场化体制转换的要求。

华而诚（2001）认为中国服务业发展应该至少起到四种战略性作用：①重新激活企业投资，推动产业结构调整，以及提供新的就业机会。关于激活生产投资，中国需要向知识创新活动（包括研究与发展、人才培训以及教育）投入更多的资金，以激励技术革新。而且，在全球技术进步快速发展的情况下，政府建立机制鼓励私人风险资本的形成看起来已刻不容缓，发展资本市场、改进服务也是当务之急。②发展中国庞大的国内市场，发展自己的技术基地。由于物流业、运输通信服务效率不高，费用较高，以及行政壁垒阻碍了货物、人力和资本的自由流动，广大的国内市场无法连为一体。中国还应着重发展自有技术并使技术成果市场化，发展自己的高科技产业。为达到此目的，需发展知识密集型服务和金融服务。③抓住因互联网应用而驱动的新技术革命所带来的机遇，提高中国经济生产力。中国需要创造良好的政策环境以刺激电子商务，特别是 B2B（即企业到企业）模式的应用，提高通信服务的效率而使互联网接入更快、更便宜，并通过培训和教育增加信息技

术人才的供应。④加入世界贸易组织（WTO）将迫使服务业提升国际竞争力，相应提高服务业在国民经济中的战略地位。

黄少军（2000）对我国第三产业的内部结构做了简单分析。他认为，现阶段我国第三产业中传统服务业的比重占据最为重要的地位。他还将我国第三产业内部结构与发达国家相同经济发展阶段的结构水平作了粗略比较。他认为，我国除金融保险业比重偏低外，其他产业与发达国家历史数据比较差异不大。他还对我国第三产业内部结构比重与低收入、下中等收入国家平均水平作了比较。他发现：我国商业和社会社团个人服务业的发展较之其他发展中国家并不充分，这是我国服务业比重与发展中国家平均水平存在较大差异的重要因素。他认为，这反映了我国市场化、城市化水平偏低。

程大中（2003、2004）分析了人力资本因素与服务业比较优势的关系，还分析了服务业劳动生产率、服务需求弹性对中国服务业增长的影响。李江帆（2004）从服务型生产资料、服务消费品、GDP贡献份额、就业贡献份额、第三产业比重增大趋势和资源限制的程度等方面，阐述了第三产业在中国国民经济中的重要战略地位。李江帆的研究表明，世界（1870~1976）三次产业比重与人均GDP（GNP）相关，第三产业的就业比重不断增大，就业比重显著高于产值比重；对中国1978~2002年的研究表明，中国第三产业就业比重与人均GDP存在着幂函数型相关关系，中国第三产业增加值比重与人均GDP存在着幂函数型相关关系。郑吉昌、周蕾（2005）选取了16个国家1992~2001年经验数据实证分析人均GDP、服务业增加率、货物进口额和货物出口额四个因素对于服务业国际竞争力的影响。江小涓和李辉（2004）通过对中国各省人均GDP与服务业的增加值比重所做的回归分析表明，当包括北京、上海、天津3个直辖市时，服务业增加值比重与人均GDP之间存在显著的正相关关系，但在剔除3个直辖市以后，服务业增加值比重与人均GDP之间不再有显著的正相关关系，其原因在于使用了各个地区截面数据，相关关系或许受到地区因素的影响（如城市化水平），因而使用单一变量可能在统计上存在问题。李勇坚（2005）通过实证分析表明，在中国，尽管随着GDP的快速增长服务业所占比重在不断上升，但是人均收入差异延缓了这种上升的速度。

第二章

北京市大兴区第三产业发展现状分析

第一节 大兴区第三产业发展的总体情况分析

一、第三产业法人单位构成分析

根据 2008 年大兴区经济普查资料，全区共有法人单位 15544 个，其中第三产业法人单位 9429 个，占该区全部法人单位数的 60.66%，第三产业法人单位所占比例比 2004 年增加 5.47 个百分点。

在第三产业中，法人单位数最大的是批发和零售业，占到第三产业的 44.51%；其次是租赁和商务服务业，占到第三产业的 14.51%；此后依次是交通运输、仓储和邮政业，房地产业。其具体占比如图 2-1 所示。

从第三产业各单位登记注册类型来看，第三产业法人单位中内资企业为 9383 家，港澳台商投资企业为 18 家，外资企业为 28 家，外资成分较少。在内资企业中，按所有制性质划分，第三产业中的私营类型占 76.64%，国有和集体性质的仅占 7.29%，其具体情况如图 2-2 所示。这说明在第三产业中，私营经济占有重要地位。

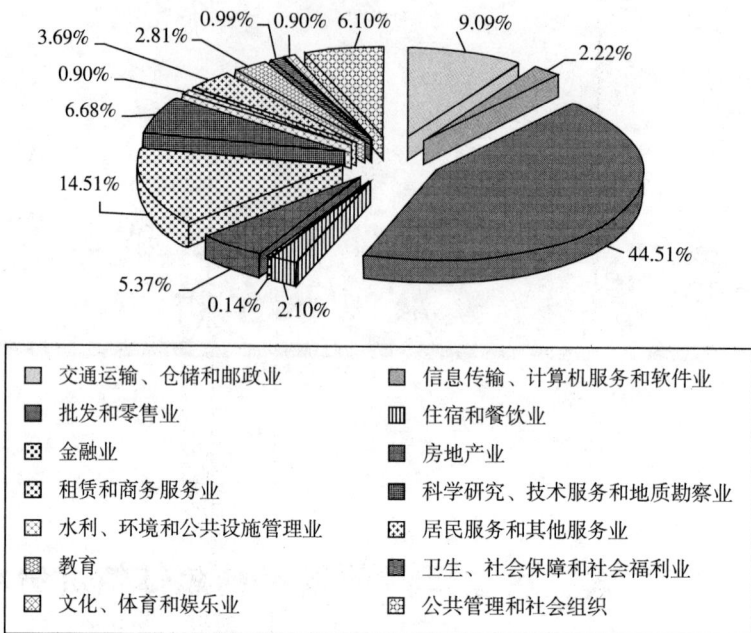

图 2-1 大兴区第三产业各行业门类法人单位分布

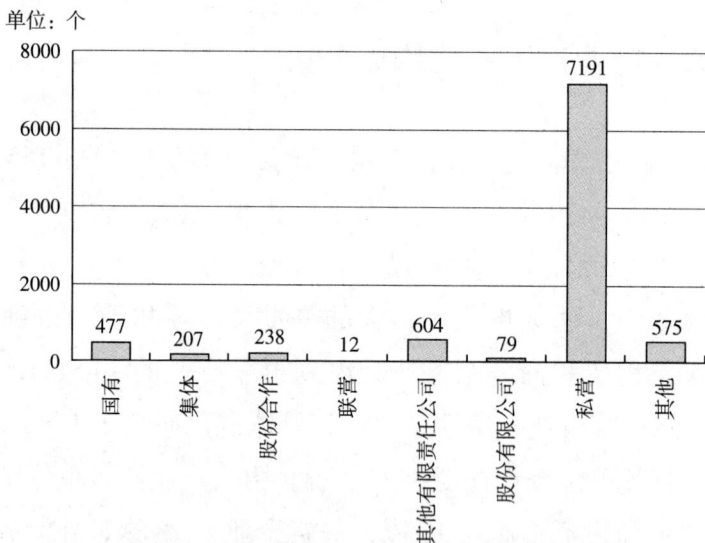

图 2-2 大兴区第三产业法人单位按经济类型分组情况

在第三产业法人单位中，企业单位占 89.79%，事业单位占 3.22%，机关单位占 0.80%，社会团体占 0.27%，民办非企业单位占 1.01%，其他组织机构占 4.92%，如图 2-3 所示。

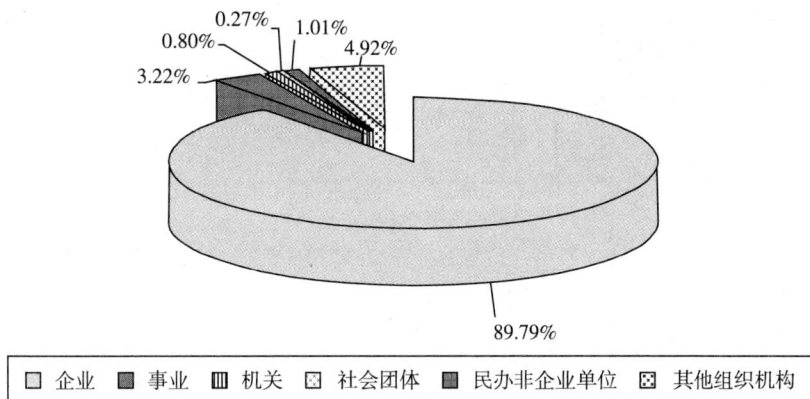

图2-3 大兴区第三产业法人单位登记注册类型分组情况

从第三产业的隶属关系来看，在第三产业法人单位中，隶属中央、北京市的占到1.81%，隶属区县的占到5.14%，隶属街道、镇、乡以及居民、村民委员会的占到7.96%，而隶属关系为其他的占到75.26%。

从控股情况来看，在第三产业法人单位中，国有、集体控股的占到4.94%，私人控股的占到82.53%，港澳台商、外资控股的占到0.46%。

二、第三产业从业人员分析

从就业情况来看，大兴区第三产业法人单位从业人员为148949人，私营、外资等单位容纳就业人数达到第三产业从业人员总数的37.8%。其中，企业单位吸收第三产业从业人员的63.86%，事业单位吸收19.24%，机关单位吸收9.51%，其具体情况如图2-4所示。

从大兴区第三产业从业人员的区域分布看，主要集中于兴丰街道办事处、黄村地区办事处、西红门地区办事处、清源街道办事处和旧宫地区办事处五大区域，合计在70%左右。

在大兴区第三产业法人单位中，批发零售业（20.69%），公共管理和社会组织（15.02%），教育（13.30%），交通运输、仓储和邮政业（12.17%）等提供了较多的就业岗位。大兴区第三产业法人单位各行业门类从业人员分布情况如图2-5所示。

单位：人

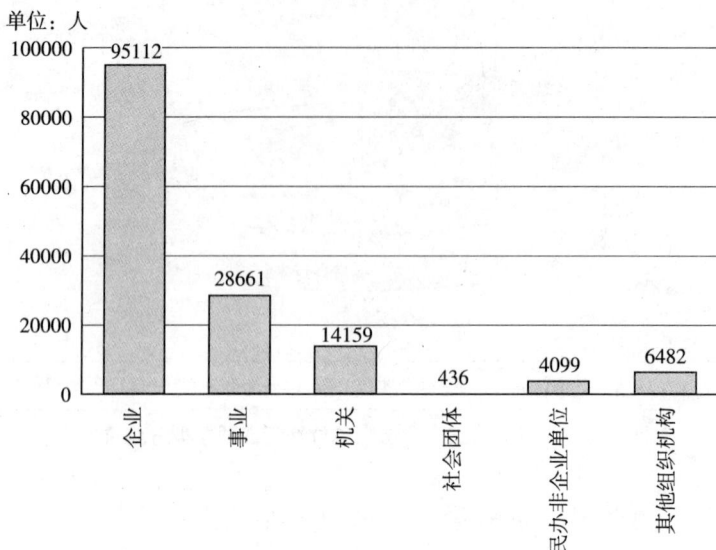

图2-4　大兴区第三产业法人单位从业人员按登记注册类型分组情况

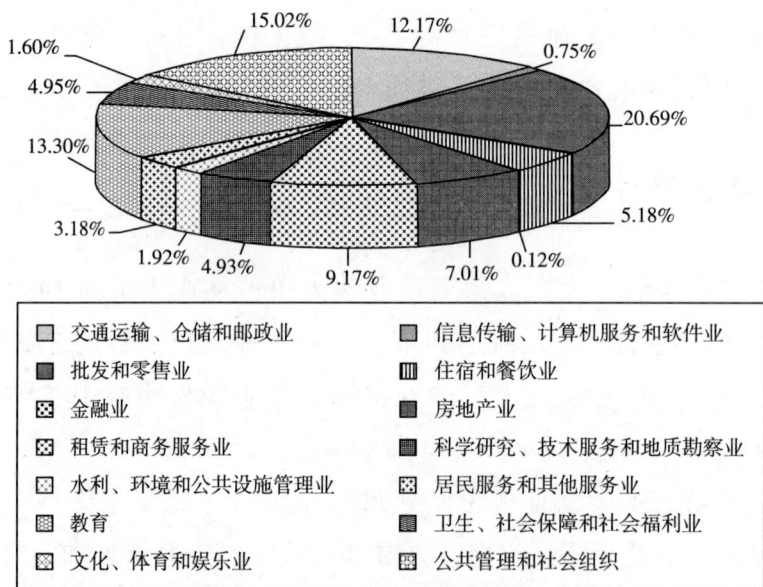

交通运输、仓储和邮政业　　　　信息传输、计算机服务和软件业

批发和零售业　　　　　　　　　住宿和餐饮业

金融业　　　　　　　　　　　　房地产业

租赁和商务服务业　　　　　　　科学研究、技术服务和地质勘察业

水利、环境和公共设施管理业　　居民服务和其他服务业

教育　　　　　　　　　　　　　卫生、社会保障和社会福利业

文化、体育和娱乐业　　　　　　公共管理和社会组织

图2-5　大兴区第三产业法人单位各行业门类从业人员分布情况

从就业人员的学历构成看，大专及以上学历人员占42%，具体占比如图2-6所示；从就业人员的技术职称构成来看，具有技术职称的人员占20.8%，其中高级技术职称的占到14%，具体占比如图2-7所示。从就业人员的技术等级来看，具有技术等级证书人员占8.7%，其中具有高级工及以上技术认

证的仅占 25%，具体占比如图 2-8 所示。大兴区第三产业就业人员的素质还有较大的提升空间，特别是具有技术等级证书人员比例偏低。

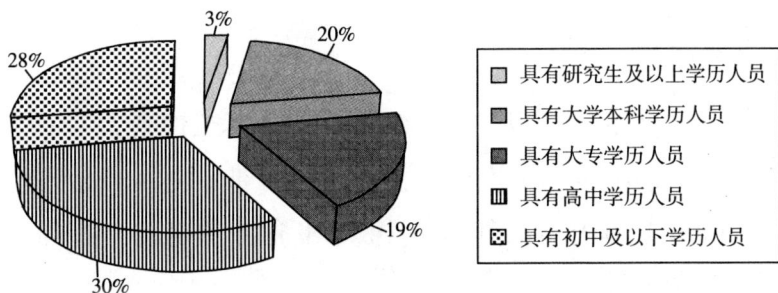

图 2-6　大兴区第三产业法人单位从业人员学历构成

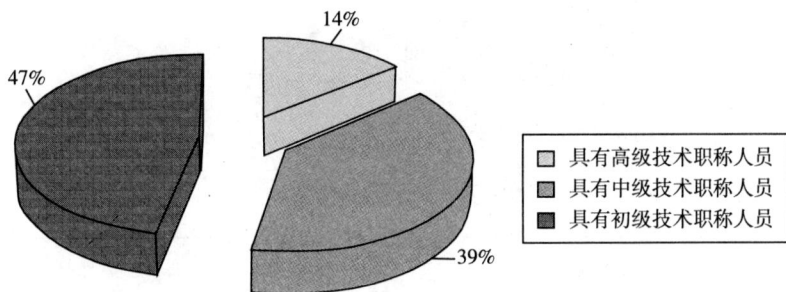

具有研究生及以上学历人员
具有大学本科学历人员
具有大专学历人员
具有高中学历人员
具有初中及以下学历人员

图 2-7　大兴区第三产业法人单位从业人员技术职称构成

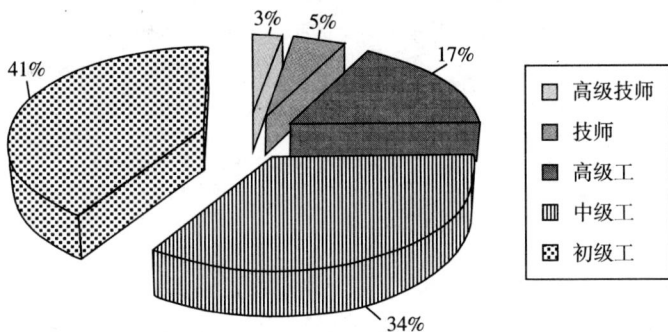

具有高级技术职称人员
具有中级技术职称人员
具有初级技术职称人员

图 2-8　大兴区第三产业法人单位从业人员技术等级构成

高级技师
技师
高级工
中级工
初级工

三、第三产业财务情况

1. 资产状况分析

大兴区第三产业的资产达到 1260 亿元，是第二产业总资产的 2 倍多。在第三产业法人单位中，总资产最多的是房地产业，达 465.6 亿元，占该区第三产业总资产的 36.95%，其次是租赁和商务服务业，占到总资产的 20.58%，具体占比如图 2-9 所示。

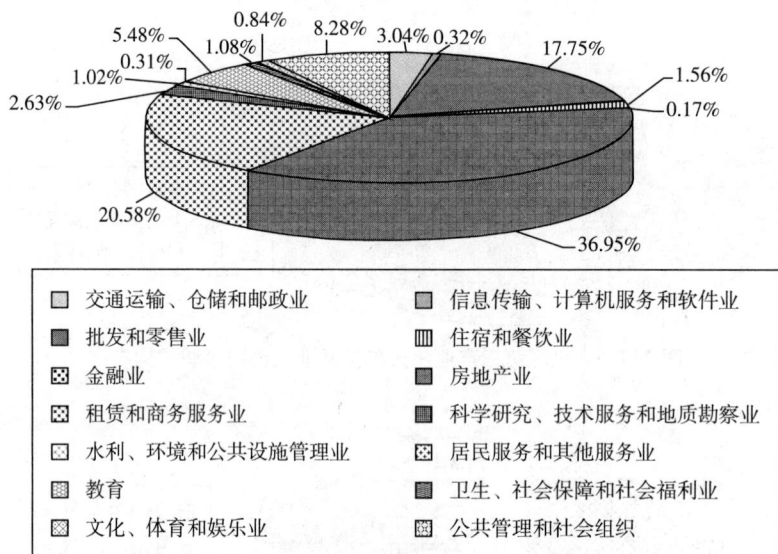

图 2-9　大兴区第三产业各类法人单位资产分布情况

2. 收入分析

从收入指标看，大兴区第三产业的收入约为 610.7 亿元，是第二产业收入总额的 1.2 倍，占第二、第三产业合计的 54%。在第三产业收入总额中，批发和零售业所占比重最大（61.68%），其次是房地产业（9.69%）。其具体情况如图 2-10 所示。

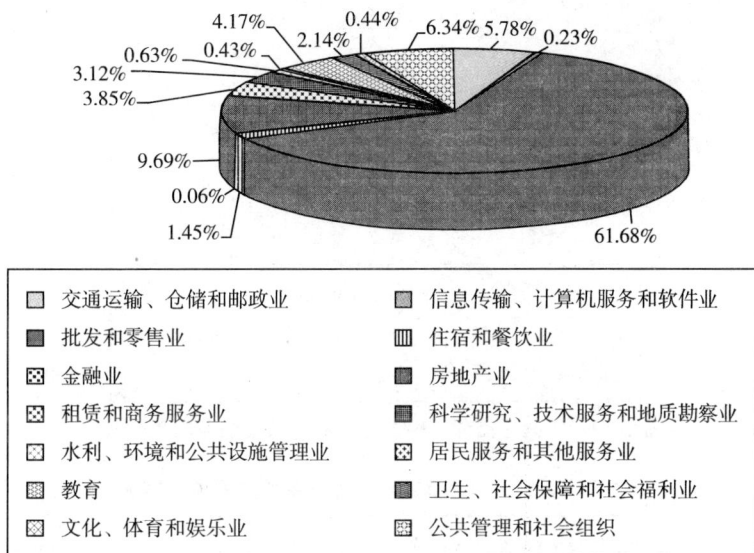

图 2-10　大兴区第三产业各类法人单位收入分布情况

第二节　大兴区第三产业各行业类别发展情况分析

一、交通运输、仓储和邮政业分析

大兴区交通运输、仓储和邮政业的法人单位总数为 857 个，资产总计 38.3 亿元，营业收入 35.3 亿元，实现利润 1.9 亿元。

1. 从行业小类看

在交通运输、仓储和邮政业中，道路运输业的企业数量最多，占到总体单位数的 82.85%，其次是仓储业，占到总体的 9.22%，具体情况如图 2-11 所示。在道路运输业中，又以道路货物运输为主体，其企业数量、总资产、营业收入和利润总额位居第一，如表 2-1 所示。这说明大兴区道路货物运输和仓储业比较发达，已形成重要的物流中心。

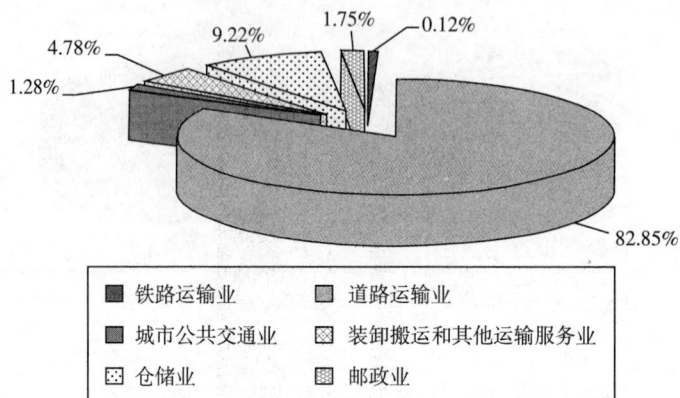

図 2-11 大兴区交通运输、仓储和邮政业企业数量构成

表 2-1 大兴区道路运输业各小类主要经济指标情况

经济指标 项目	单位数（个）	资产总计（千元）	营业收入（千元）	利润总额（千元）
公路旅客运输	2	48035	16149	1544
道路货物运输	681	1520078	2144763	83184
道路运输辅助活动	27	137858	212199	10128
总计	710	1705971	2373111	94856

2. 从登记注册类型看

在 857 个交通运输、仓储和邮政业的单位中有 856 个属于内资企业，仅有 1 家为外商投资企业。在内资企业中，绝大多数是私营性质，国有和集体性质的仅 41 家。而私营企业的总资产、营业收入和利润总额也占绝对比重。具体情况如表 2-2 所示。

表 2-2 大兴区内资企业主要经济指标情况

经济指标 项目	单位数（个）	资产总计（千元）	营业收入（千元）	利润总额（千元）
国有	23	620287	370275	31316
集体	18	40009	40241	-110
股份合作	12	30732	25324	-630
联营	1	29	0	-1
有限责任公司	56	794358	851837	74814
股份有限公司	23	140762	132174	12072
私营	723	2189026	2067597	82620
总计	856	3815203	3487448	200081

3. 从控股情况看

交通运输、仓储和邮政业以私人控股为主，92.29%的企业属于私人控股，其具体情况如图 2-12 所示。

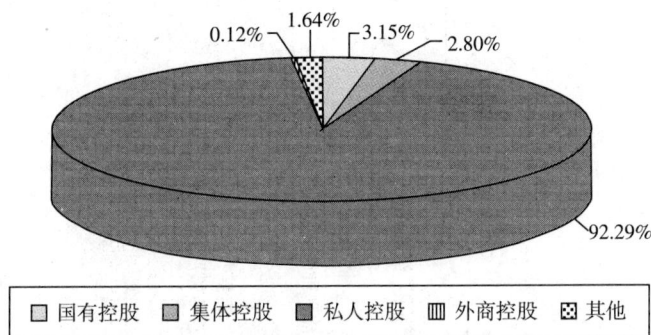

图 2-12　大兴区交通运输、仓储和邮政业企业控股情况

二、信息传输、计算机服务和软件业

大兴区信息传输、计算机服务和软件业的法人单位总数为 208 个，资产总计 3.89 亿元，营业收入 1.36 亿元，利润总额为负，出现亏损。

1. 从行业小类看

在信息传输、计算机服务和软件业中，计算机服务业的企业数量最多，占到总体单位数的 60.6%，其次是软件业，占到总体企业数量的 32.2%，如图 2-13 所示。在电信和其他信息传输服务业、计算机服务业和软件业等三个类别中，软件业的资产总额和营业收入均居榜首，但其利润总额为负，出现亏损。在三个类别中，计算机服务业和软件业均处于亏损状态，只有信息传输服务业处于盈利状态，从而导致整个信息传输、计算机服务和软件业处于亏损状态，如图 2-14 所示。

单位：个

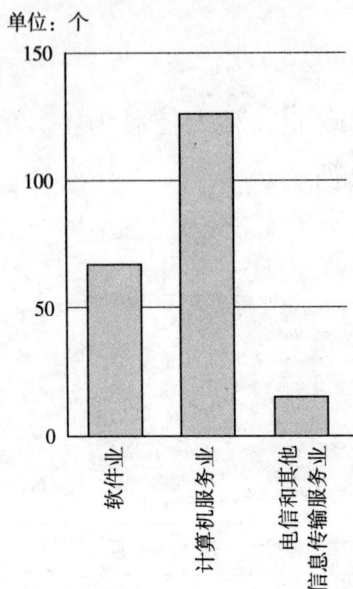

图 2-13　大兴区电信和其他信息传输服务业、计算机服务业和软件业法人数量分布情况

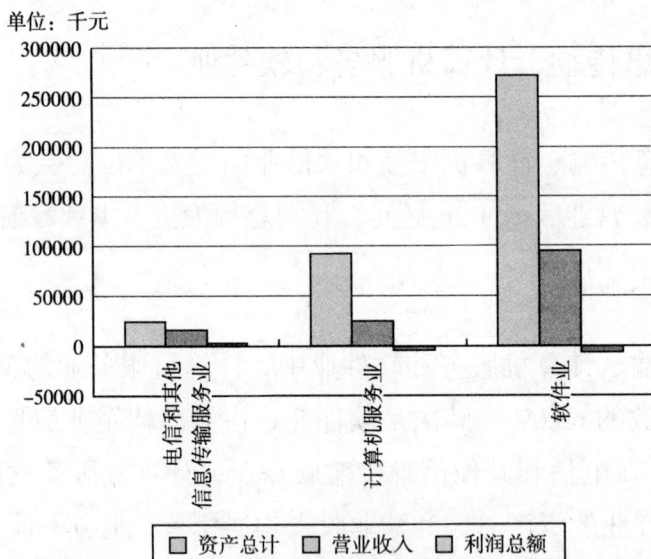

单位：千元

☐ 资产总计　☐ 营业收入　■ 利润总额

图 2-14　大兴区电信和其他信息传输业、计算机服务业和软件业法人单位主要经济指标对比

2. 从登记注册类型看

在 208 个信息传输、计算机服务和软件业的单位中有 207 个属于内资企业，仅有 1 家为外商投资企业。在内资企业中，绝大多数企业具有私营性

质，私营企业的总资产和营业收入占绝对比重。各经济类型中，集体、股份合作和外商投资处于亏损状态，且外商投资的亏损额最大；而私营、有限责任公司和股份有限公司等则处于盈利状态，其中私营企业的利润总额最大，如表2-3所示。

表2-3　大兴区信息传输、计算机服务和软件业各经济类型主要经济指标情况

经济指标 项目	单位数（个）	资产总计（千元）	营业收入（千元）	利润总额（千元）
国有	1	1777	1480	0
集体	2	31324	4411	-430
股份合作	4	1478	54	-133
有限责任公司	10	53165	11506	3882
股份有限公司	2	1990	534	41
私营	188	246597	101630	4687
外商投资	1	52976	16776	-15189
总计	208	389307	136391	-7142

3. 从控股情况看

信息传输、计算机服务和软件业以私人控股为主，且私人控股的法人单位处于盈利状态，其他类型的控股企业均处于亏损状态，如表2-4所示。

表2-4　大兴区信息传输、计算机服务和软件业各类控股单位主要经济指标情况

经济指标 项目	单位数（个）	资产总计（千元）	营业收入（千元）	利润总额（千元）
国有控股	1	1777	1480	0
集体控股	3	31830	4422	-437
私人控股	202	302175	113315	8578
外商控股	1	52976	16776	-15189
其他	1	549	398	-94
总计	208	389307	136391	-7142

三、批发和零售业

大兴区批发和零售业的机构总数为37577个，其中法人单位4197个，

从业人员达到 85324 人。法人单位资产总计 223.7 亿元，营业收入 376.7 亿元，实现利润 2.4 亿元。

1. 从机构构成看

批发和零售业以个体为主，个体共容纳从业人员 32950 人，具体情况如图 2-15 所示。

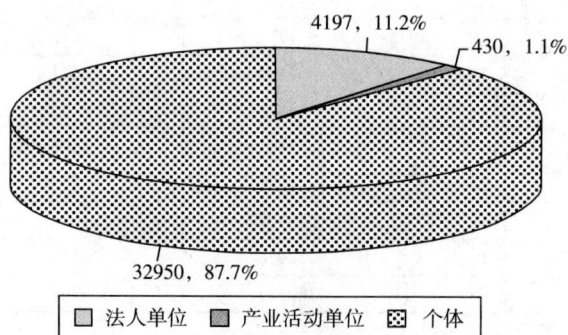

图 2-15　大兴区批发和零售业机构构成情况

2. 从登记注册类型看

在批发和零售业 4197 个法人单位和 430 个产业活动单位中，均以私营性质为主体，如表 2-5 所示。

表 2-5　大兴区批发和零售业各经济类型分布情况

项目 经济指标	法人单位数（个）	产业活动单位数（个）
国有	39	90
集体	78	6
股份合作	105	13
联营	4	0
有限责任公司	176	78
股份有限公司	14	12
私营	3748	203
港澳台商投资	7	6
外商投资	12	22
其他	14	0
总计	4197	430

在 4197 个法人单位中，私营和有限责任公司性质的法人单位在资产和营业收入上占有绝对比重，私营企业和有限责任公司的资产总额分别占到法人单位总资产的 52.46% 和 33.41%，二者的营业收入分别占到法人单位总营业收入的 64.58% 和 27.98%。从盈利情况来看，外商投资和股份合作性质的单位利润总额为负，总体上处于亏损状态，其中 75% 的外商投资单位亏损，44.76% 的股份合作企业亏损；其他性质类型的单位则总体处于盈利状态，亏损率较低，如表 2-6 所示。

表 2-6　大兴区批发和零售业各经济类型主要经济指标情况

项目\经济指标	法人单位数（个）	亏损企业（个）	资产总计（千元）	营业收入（千元）	利润总额（千元）
国有	39	15	946959	961055	67443
集体	78	28	362776	210058	1792
股份合作	105	47	1471622	748231	−92063
联营	4	1	4309	26092	480
有限责任公司	176	61	7472332	10539282	202061
股份有限公司	14	3	30320	19786	1082
私营	3748	1450	11734163	24326285	60169
港澳台商投资	7	3	83207	699105	10252
外商投资	12	9	248385	128285	−13817
其他	14	2	12892	8256	2352
总计	4197	1619	22366965	37666435	239751

3. 从控股情况看

批发和零售业以私人控股为主，具体情况如图 2-16 所示。且外商控股的法人单位处于亏损状态，其他类型的控股企业总体上均处于盈利状态。

4. 从行业小类看

在批发和零售业 4197 个法人单位中，属于批发业的有 2220 个，属于零售业的有 1977 个。

在批发业中，矿产品、建材及化工产品批发企业最多，占到总体批发业单位的 35.90%，其次是机械设备、五金交电及电子产品批发企业，占到批发业的 30.77%，如图 2-17 所示。在批发业各类企业中，纺织、服装及日用品

0.64%
0.14%
0.36%
95.57%
1.26%
2.38%
0.29%

国有控股　　　集体控股　　　私人控股
港澳台商控股　　外商控股　　　其他

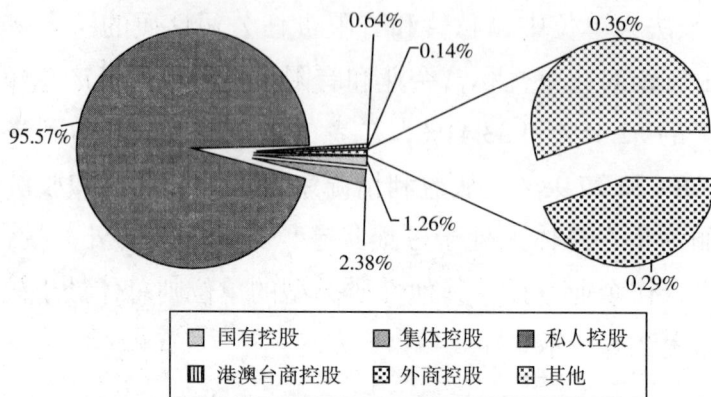

图2-16　大兴区批发和零售业各类控股企业分布情况

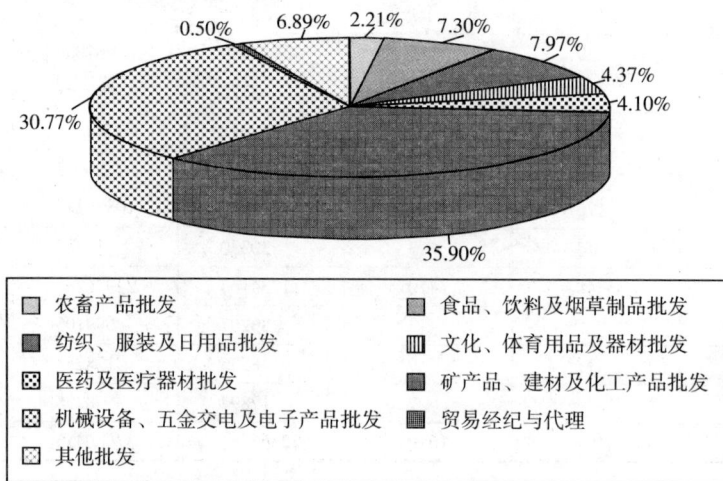

0.50%　6.89%　2.21%　7.30%
7.97%
4.37%
4.10%
30.77%
35.90%

农畜产品批发　　　　　　　　　　　　食品、饮料及烟草制品批发
纺织、服装及日用品批发　　　　　　　文化、体育用品及器材批发
医药及医疗器材批发　　　　　　　　　矿产品、建材及化工产品批发
机械设备、五金交电及电子产品批发　　贸易经纪与代理
其他批发

图2-17　大兴区批发业各类企业分布情况

批发，文化、体育用品及器材批发和贸易经纪与代理三类企业总体上处于亏损状态，其余均处于盈利状态，其具体情况如图2-18所示。

在零售业中，五金、家具及室内装修材料专门零售企业最多，占到总体零售业单位的23.37%，其次是家用电器及电子产品专门零售企业和无店铺及其他零售，分别占到零售业数量的13.51%和12.59%，如图2-19所示。在零售业各类企业中，综合零售业处于最大盈利状态，而汽车、摩托车、燃料及零配件专门零售则属于亏损最严重的行业类型，如图2-20所示。

单位：千元

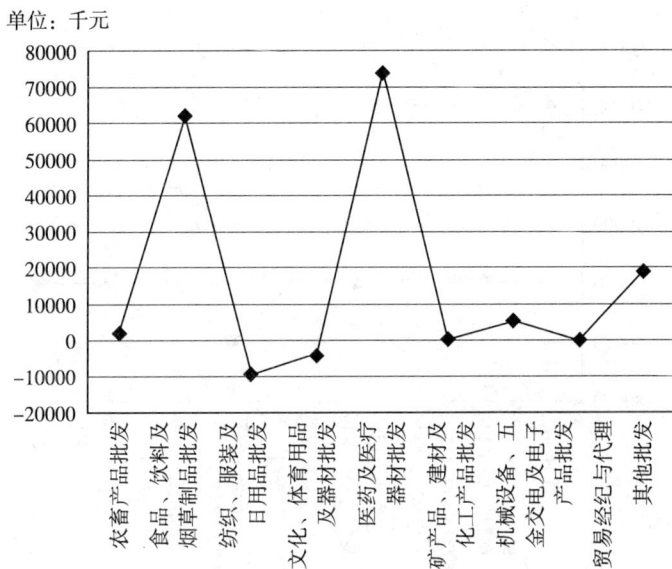

图 2-18 大兴区批发业各类企业盈利情况

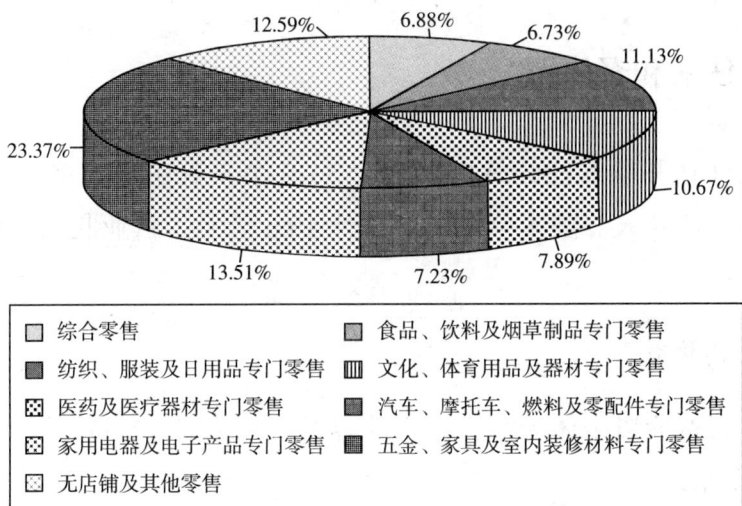

□ 综合零售 ■ 食品、饮料及烟草制品专门零售
■ 纺织、服装及日用品专门零售 ▥ 文化、体育用品及器材专门零售
▨ 医药及医疗器材专门零售 ▨ 汽车、摩托车、燃料及零配件专门零售
▨ 家用电器及电子产品专门零售 ■ 五金、家具及室内装修材料专门零售
▨ 无店铺及其他零售

图 2-19 大兴区零售业各类企业分布情况

5. 从企业规模看

批发和零售业以小型企业为主，小型企业占到批发和零售业的99%。

单位：千元

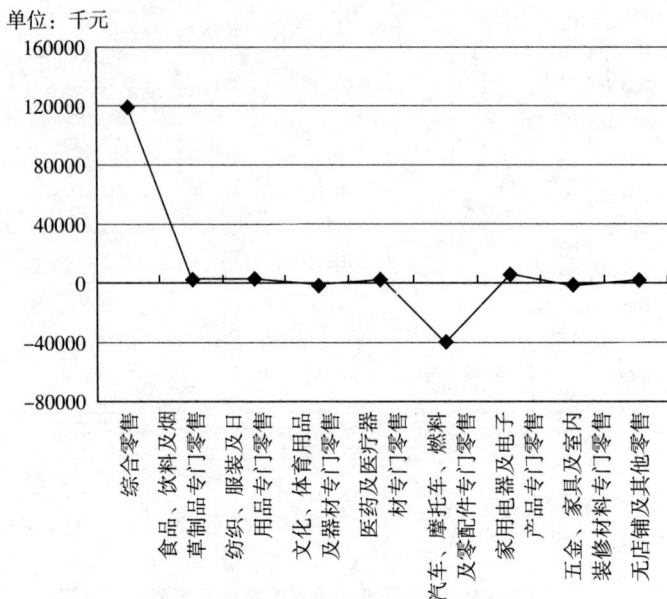

图 2-20 零售业各类企业盈利情况

四、住宿和餐饮业

大兴区住宿和餐饮业的机构总数为 3619 个，其中法人单位 198 个，从业人员达到 20234 人。法人单位资产总计 19.6 亿元，营业收入 8.8 亿元，利润总额为负。

1. 从机构构成看

住宿和餐饮业以个体为主，个体共容纳从业人员 12517 人。其构成情况如图 2-21 所示。

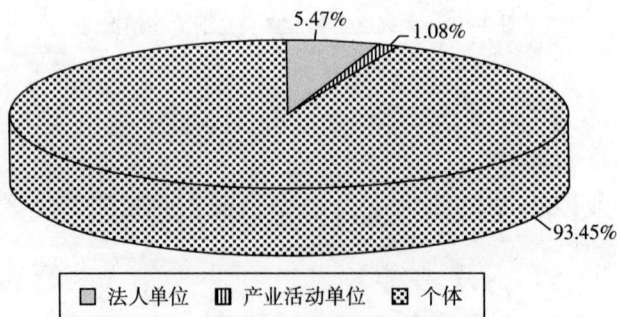

5.47%   1.08%

93.45%

□ 法人单位   ▥ 产业活动单位   ▨ 个体

图 2-21 大兴区住宿和餐饮业机构构成情况

2. 从登记注册类型看

在住宿和餐饮业198个法人单位和39个产业活动单位中，均以私营性质为主体。具体情况如表2-7所示。

表2-7　大兴区住宿和餐饮业各经济类型分布情况

项目 ＼ 经济指标	法人单位数（个）	产业活动单位数（个）
国有	8	3
集体	6	3
股份合作	10	0
联营	1	0
有限责任公司	14	1
股份有限公司	2	0
私营	154	18
港澳台商投资	2	4
外商投资	1	10
总计	198	39

在198个法人单位中，有限责任公司性质的法人单位在资产和营业收入中占有绝对比重，分别达到住宿和餐饮业全部法人单位的59.85%和33.68%。从盈利情况来看，股份合作、股份有限公司和港澳台商投资性质的单位利润总额为正，总体上处于盈利状态，其他性质类型的单位则总体上处于亏损状态，如表2-8所示。

表2-8　大兴区住宿和餐饮业各经济类型主要经济指标情况

项目 ＼ 经济指标	法人单位数（个）	亏损企业（个）	资产总计（千元）	营业收入（千元）	利润总额（千元）
国有	8	5	312586	65499	-15587
集体	6	3	10658	17578	-654
股份合作	10	1	43486	25712	274
联营	1	1	1110	3000	-80
有限责任公司	14	11	1176004	297746	-16480
股份有限公司	2	1	3710	710	97
私营	154	69	304541	237027	-16430
港澳台商投资	2	0	103397	231924	12568
外商投资	1	1	9278	4974	-981
总计	198	92	1964770	884170	-37273

3. 从控股情况看

住宿和餐饮业以私人控股为主，具体情况如图 2-22 所示。其中，仅港澳台商控股的法人单位处于盈利状态，其他类型的控股企业总体上均处于亏损状态。

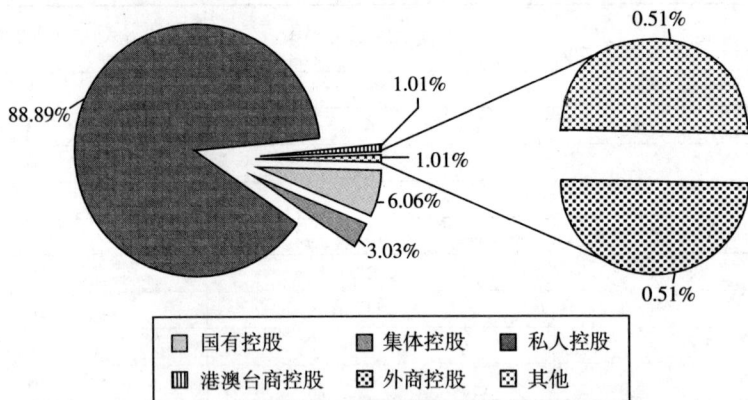

图 2-22 大兴区住宿和餐饮业各类控股企业分布情况

4. 从行业小类看

在住宿和餐饮业 198 个法人单位中，属于住宿业的有 56 个，属于餐饮业的有 142 个。

在住宿业中，一般旅馆最多，占到总体住宿业单位的 57.1%，其次是旅游饭店，占到住宿业单位的 30.4%，其具体情况如图 2-23 所示。在住宿业各类企业中，旅游饭店和其他住宿服务类单位总体上处于亏损状态，一般旅馆处于盈利状态，具体情况如图 2-24 所示。

在餐饮业中，正餐服务单位最多，占到餐饮业单位总数的 80%，具体情况如图 2-25 所示。在餐饮业各类单位中，仅快餐服务处于亏损状态，正餐服务、饮料及冷饮服务和其他餐饮服务则均处于盈利状态，具体如图 2-26 所示。

5. 从企业规模看

住宿和餐饮业以小型企业为主，小型企业占到住宿和餐饮业的 99%。

单位：个

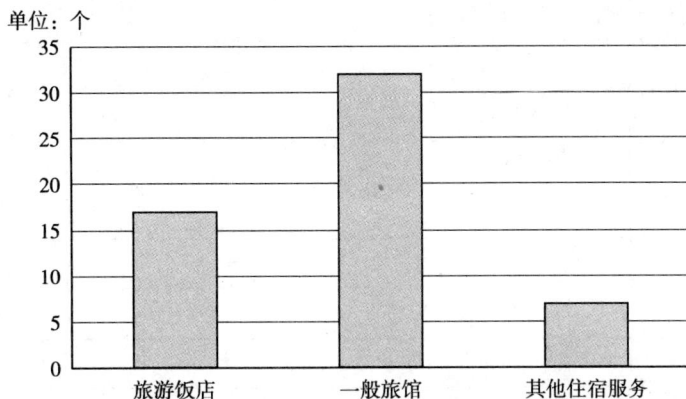

图2-23 大兴区住宿业各类单位数量分布情况

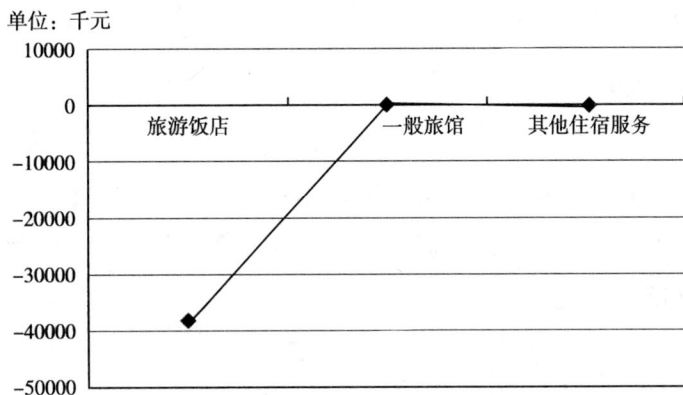

单位：千元

图2-24 大兴区住宿业各类单位盈利情况

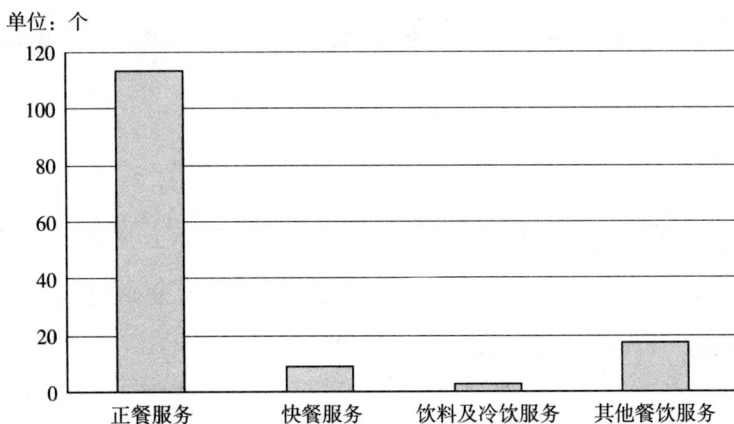

单位：个

图2-25 大兴区餐饮业各类单位数量分布情况

单位：千元

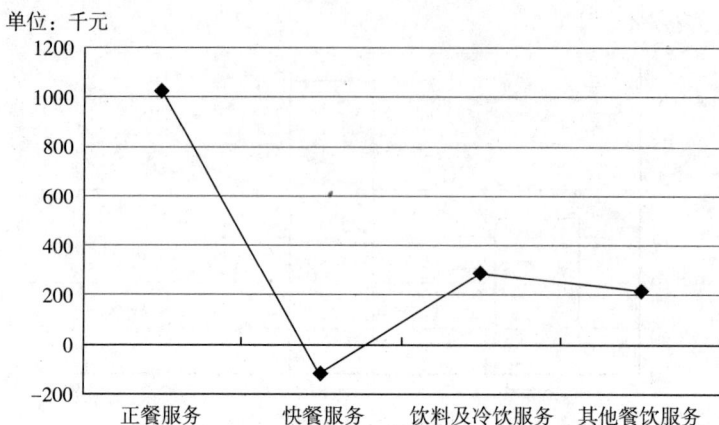

图 2-26　大兴区餐饮业各类单位盈利情况

五、金融业

大兴区金融业共有 13 个法人单位，141 个产业活动单位。其中法人单位期末从业人员 181 人，法人单位资产总计 2.2 亿元，收入合计 3617.4 万元，利润总额为 2115.2 万元。

1. 从地区分布情况看

金融业法人单位主要集中于兴丰街道办事处，如图 2-27 所示。但该行业法人单位从业人员主要集中在安定镇和西红门地区办事处，如图 2-28 所示。

2. 从行业小类看

大兴区金融业的法人单位中从事保险业的有 3 个，从业人员 7 人；从事其他金融活动的 10 个，从业人员 174 人。在大兴区金融业 141 个产业活动单位中，银行业所占比重最大，如图 2-29 所示。

单位：个

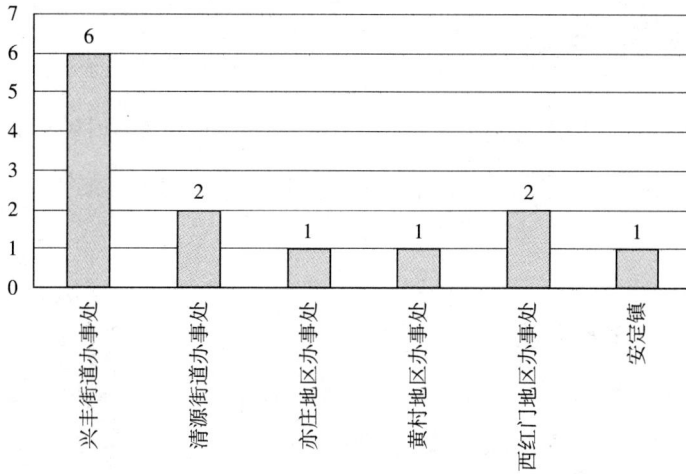

图 2-27 大兴区金融业法人单位地区分布情况

单位：人

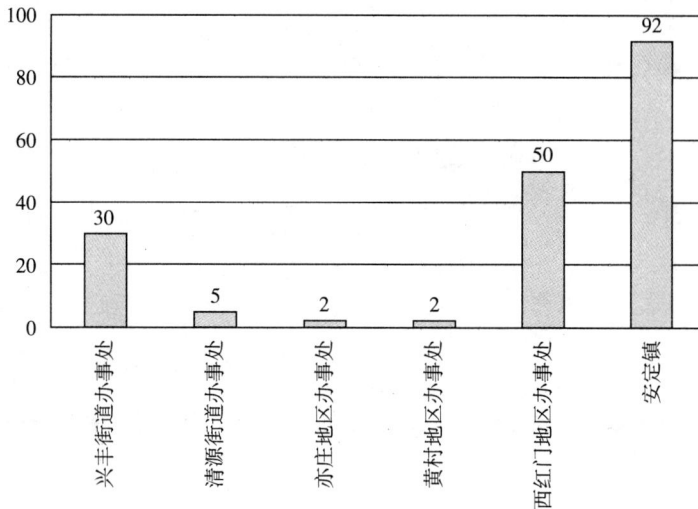

图 2-28 大兴区金融业法人单位从业人员地区分布情况

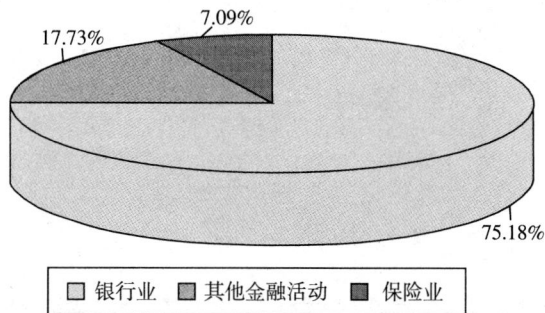

17.73% 7.09%

75.18%

□ 银行业 ■ 其他金融活动 ■ 保险业

图 2-29 大兴区金融业各类型产业活动单位分布情况

六、房地产业

大兴区房地产业的法人单位数为 506 个，从业人员达到 10437 人。法人单位资产总计 465.6 亿元，收入合计 59.2 亿元，利润总额约为 2.1 亿元。

1. 从行业小类看

在房地产业 506 个法人单位中，房地产开发企业 201 家，物业管理企业 136 家，房地产中介服务企业 96 家，其他房地产开发活动的企业 73 家。

房地产开发企业共完成开发土地面积 11.9 万平方米。土地购置面积 49.5 万平方米，土地成交价款 16.3 亿元。这三项按资质等级划分的情况分别如图 2-30、图 2-31、图 2-32 所示。

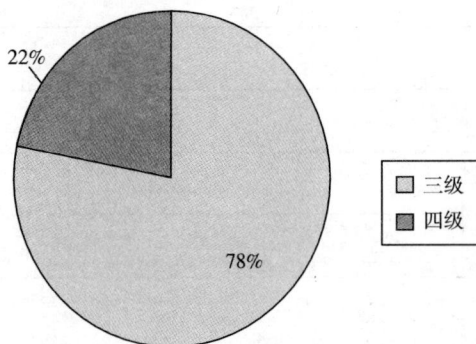

图 2-30 大兴区房地产开发企业完成开发土地面积资质等级划分

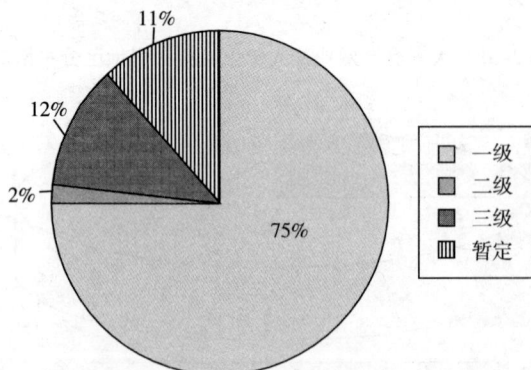

图 2-31 大兴区房地产开发企业土地购置面积资质等级划分

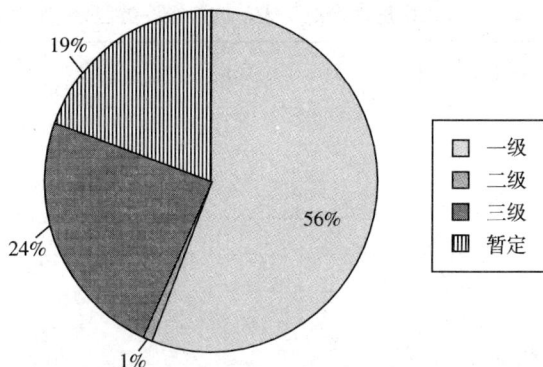

图 2-32 大兴区房地产开发企业土地成交价款资质等级划分

2008 年，房地产开发企业房屋施工面积总计 337.7 万平方米，其分类情况如图 2-33 所示，房屋竣工面积合计 87.5 万平方米，商品房销售面积达 33 万平方米。

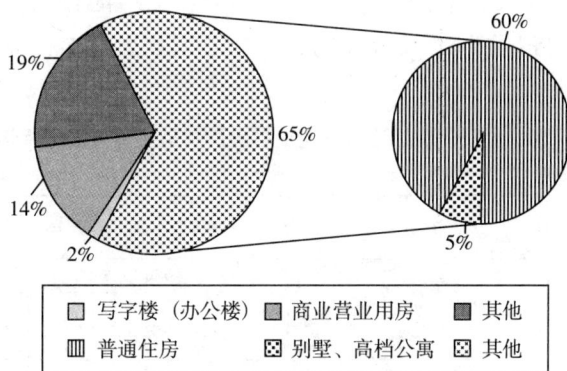

图 2-33 大兴区房地产开发企业房屋施工面积分类

2. 从登记注册类型看

在房地产业 506 个法人单位中，均以私营和有限责任公司为主体，如表 2-9 所示。

在 201 个房地产开发企业中，有限责任公司性质的法人单位在资产上占有绝对比重，达到房地产开发企业全部法人单位的 55.86%，私营性质的次之；私营性质法人单位的主营业务收入最多，占到房地产开发企业全部主营业务收入的 56.17%，有限责任公司性质的法人单位的次之。从盈利情况来

表 2-9　大兴区房地产业法人单位各经济类型分布情况

项目	房地产业法人单位数（个）	房地产开发企业	物业管理、中介服务及其他房地产活动企业
国有	26	3	23
集体	20	2	18
股份合作	5	2	3
联营	2	0	2
有限责任公司	138	80	58
股份有限公司	12	9	3
私营	299	101	198
港澳台商投资	2	2	0
外商投资	1	1	0
其他	1	1	0
总计	506	201	305

看，房地产开发企业总体处于盈利状态，其中集体、股份合作和私营性质的法人单位利润总额为正，总体上处于盈利状态，其他性质类型的单位则总体上处于亏损状态。具体如表 2-10 所示。

表 2-10　大兴区房地产开发企业各经济类型主要经济指标情况

单位：千元

经济指标 项目	资产总计	主营业务收入	利润总额
国有	4222979	193479	-5183
集体	79499	4462	1099
股份合作	202526	5547	5
有限责任公司	21958343	1901093	-71390
股份有限公司	980715	669	-9449
私营	10459874	2787750	319686
港澳台商投资	1327139	49405	-10700
外商投资	75104	20637	-1327
总计	39306179	4963042	222741

在 305 个物业管理、房地产中介服务和其他房地产开发活动的企业中，有限责任公司和联营性质的法人单位在资产上占有绝对比重，分别占到物业管理、房地产中介服务和其他房地产开发活动的企业法人单位总资产的 37.95% 和 33.65%；私营和有限责任公司性质的法人单位的主营业务收入最多，分别占到物业管理、房地产中介服务和其他房地产开发活动的企业全部

主营业务收入的 34.31% 和 31.5%。从盈利情况来看，物业管理、房地产中介服务和其他房地产开发活动的企业总体处于亏损状态，其中股份合作和有限责任公司性质的法人单位利润总额为正，处于盈利状态，其他性质类型的单位则处于亏损状态。具体如表 2-11 所示。

表 2-11 大兴区物业管理、房地产中介服务和其他房地产开发活动的
企业各经济类型主要经济指标情况

单位：千元

经济指标 项目	资产总计	主营业务收入	利润总额
国有	128789	77562	-7221
集体	95723	59519	-1752
股份合作	2721	2370	88
联营	520542	103747	-857
有限责任公司	587099	241118	9417
股份有限公司	1802	18525	-596
私营	210415	262628	-12146
总计	1547091	765469	-13067

七、租赁和商务服务业

大兴区租赁和商务服务业共有法人单位 1368 个，产业活动单位 1420 个。其中法人单位从业人员平均数达到 13633 人，资产总计 259 亿元，收入合计 23.5 亿元，利润总额为 1.8 亿元。

从行业小类看，租赁和商务服务业 1368 个法人单位中，属于租赁业的有 179 个，属于商务服务业的有 1189 个，其占比情况如图 2-34 所示。商务服务业从业人员数在整个租赁和商务服务业中占较大比重，具体占比如图 2-35 所示。

在租赁和商务服务业法人单位中，商务服务业的资产、收入和利润等经济指标值均占较大比重，如表 2-12 所示。

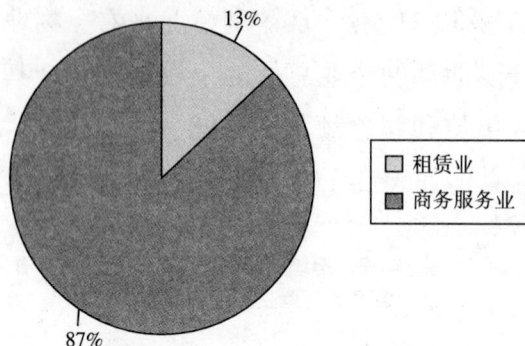

图 2-34　大兴区租赁和商务服务业法人单位数各行业类别构成

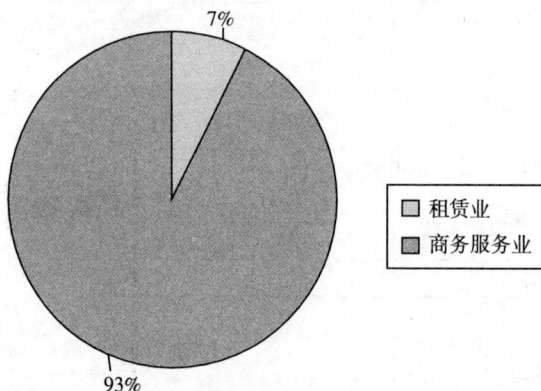

图 2-35　大兴区租赁和商务服务业从业人员数各行业类别构成

表 2-12　租赁和商务服务业各类别主要经济指标情况

项目　　经济指标	单位数（个）	资产总计（千元）	收入合计（千元）	企业利润总额（千元）
租赁和商务服务业	1368	25930040	2352089	182343
租赁业	179	489438	128981	14850
商务服务业	1189	25440602	2223108	167493

八、文化、体育和娱乐业

大兴区文化、体育和娱乐业共有法人单位 85 个，产业活动单位 95 个。其中法人单位的从业人员平均人数为 2399 人，资产总计 10.6 亿元，收入总计 2.7 亿元，利润总额为 905.9 万元。

从行业小类看，在文化、体育和娱乐业 85 个法人单位中，从事娱乐业的单位最多，其次是文化艺术业，其具体占比如图 2-36 所示。从从业人员平均人数来看，娱乐业吸纳的就业人数最多，其次则是体育业，其具体占比如图 2-37 所示。从企业盈利角度来看，广播、电视、电影和音像业盈利最多，新闻出版业亦处于盈利状态，但是文化艺术业、体育和娱乐业等利润额为负，处于亏损状态，其具体情况如表 2-13 所示。

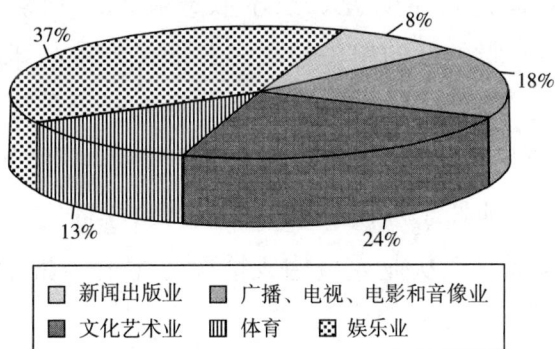

图 2-36　大兴区文化、体育和娱乐业法人单位构成

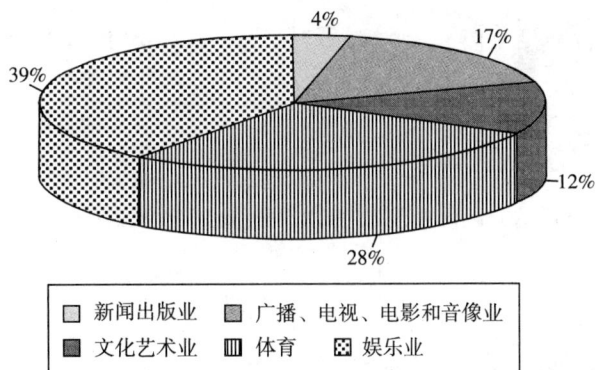

图 2-37　大兴区文化、体育和娱乐业法人单位从业人员构成

表 2-13　文化、体育和娱乐业法人单位主要经济指标情况

项目 \ 经济指标	单位数（个）	资产总计（千元）	收入合计（千元）	企业利润总额（千元）
新闻出版业	7	8264	12218	334
广播、电视、电影和音像业	15	307047	106417	21415
文化艺术业	20	121465	29372	-1409
体育	11	146174	61793	-812
娱乐业	32	479556	56563	-10469
总计	85	1062506	266363	9059

九、科学研究、技术服务和地质勘察业

大兴区科学研究、技术服务和地质勘察业共有法人单位数 630 个，产业活动单位 658 个。其中法人单位的从业人员平均人数为 7919 人，资产总计 33.2 亿元，收入总计 19 亿元，利润总额为 1.5 亿元。

从行业小类看，在科学研究、技术服务和地质勘察业 630 个法人单位中，科技交流和推广服务业的单位数最多，但是专业技术服务业吸纳的就业人员数最多。从资产总计、收入总计和企业利润总额等经济指标来看，专业技术服务业在整个科学研究、技术服务和地质勘察业中均占较大比重，而研究与试验发展业整体则处于亏损状态。大兴区科学研究、技术服务和地质勘察业法人单位构成情况、从业人员构成情况、主要经济指标情况如图 2-38、图 2-39、图 2-40 所示。

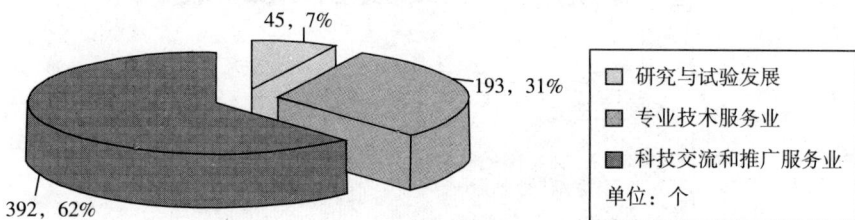

图 2-38　大兴区科学研究、技术服务和地质勘察业法人单位构成

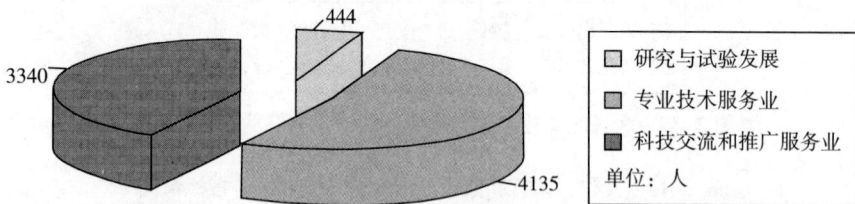

图 2-39　大兴区科学研究、技术服务和地质勘察业法人单位从业人员构成

单位：元

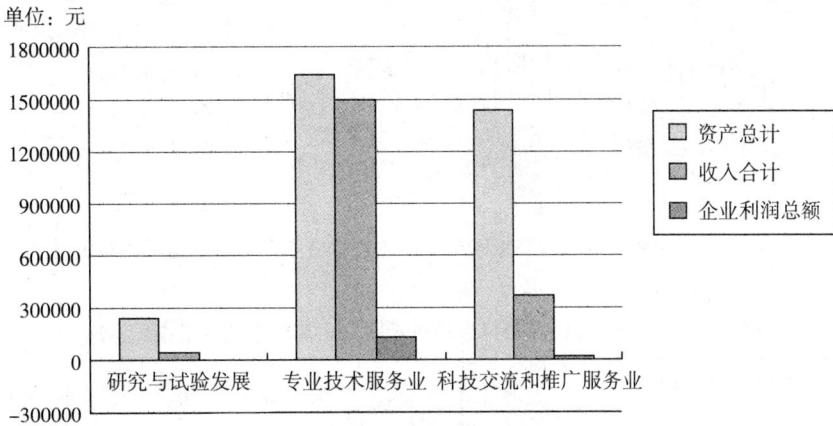

图 2-40 大兴区科学研究、技术服务和地质勘察业法人单位主要经济指标情况

✂ 十、水利、环境和公共设施管理业

大兴区水利、环境和公共设施管理业共有法人单位数 85 个，产业活动单位 85 个。其中法人单位的从业人员 2819 人，资产总计 12.8 亿元，收入总计 3.86 亿元，利润总额约为 1483.4 万元。

从行业小类看，在水利、环境和公共设施管理业 85 个法人单位中，公共设施管理业的单位数最多，占到该行业单位总数的 76%，其吸纳的就业人数也最多。从资产总计、收入总计和企业利润总额等经济指标来看，公共设施管理业在整个水利、环境和公共设施管理业中均占较大比重，而环境管理业则整体处于亏损状态。大兴区水利、环境和公共设施管理业法人单位构成、从业人员构成和主要经济指标情况如图 2-41、图 2-42 和表 2-14 所示。

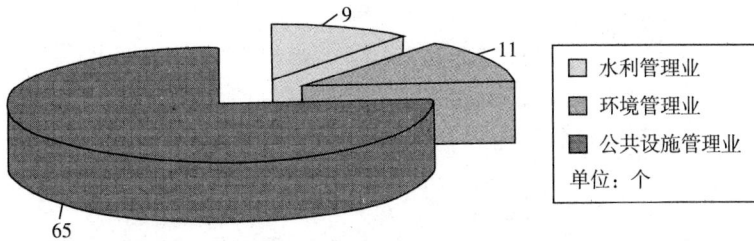

图 2-41 大兴区水利、环境和公共设施管理业法人单位构成

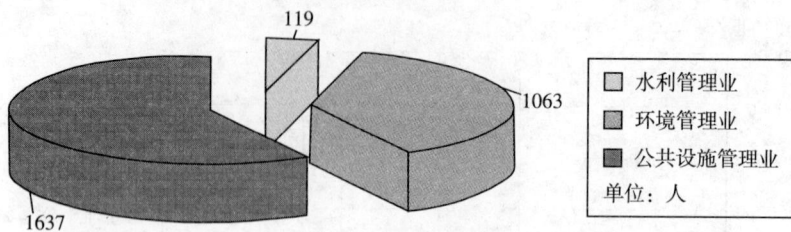

图 2-42　大兴区水利、环境和公共设施管理业法人单位从业人员构成

表 2-14　水利、环境和公共设施管理业法人单位主要经济指标情况

项目 经济指标	单位数（个）	资产总计（千元）	收入合计（千元）	企业利润总额（千元）
水利管理业	9	42504	25424	0
环境管理业	11	104796	126935	-118
公共设施管理业	65	1132670	233606	14952
总计	85	1279970	385965	14834

十一、居民服务和其他服务业

大兴区居民服务和其他服务业共有法人单位数 348 个，产业活动单位 386 个。其中法人单位的从业人员 4441 人，其构成情况如图 2-43 所示。资产总计 3.9 亿元，收入总计 2.6 亿元，利润总额为 232.2 万元。

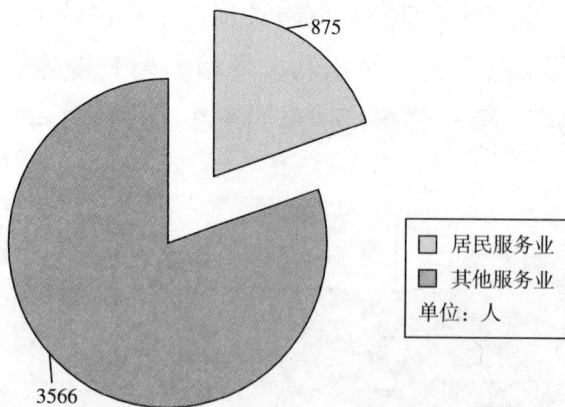

图 2-43　大兴区居民服务和其他服务业法人单位从业人员构成

从行业小类看，在居民服务和其他服务业 348 个法人单位中，从事居民服务业的有 101 家，其他服务业的 247 家。从资产总计、收入总计和企业利润总额等经济指标来看，其他服务业在整个居民服务和其他服务业中均占较大比重，而居民服务业的企业利润总额为负，处于亏损状态，如表 2-15所示。

表 2-15　居民服务和其他服务业法人单位主要经济指标情况

经济指标 项目	单位数（个）	资产总计（千元）	收入合计（千元）	企业利润总额（千元）
居民服务业	101	181850	111192	-4926
其他服务业	247	207885	149476	7248
总计	348	389735	260668	2322

十二、教育

大兴区教育业共有法人单位 265 家，如图 2-44 所示，产业活动单位 291家。其中法人单位的从业人员 19742 人，资产总计 69 亿元，收入总计 25.4亿元，利润总额为 1062.3 万元。

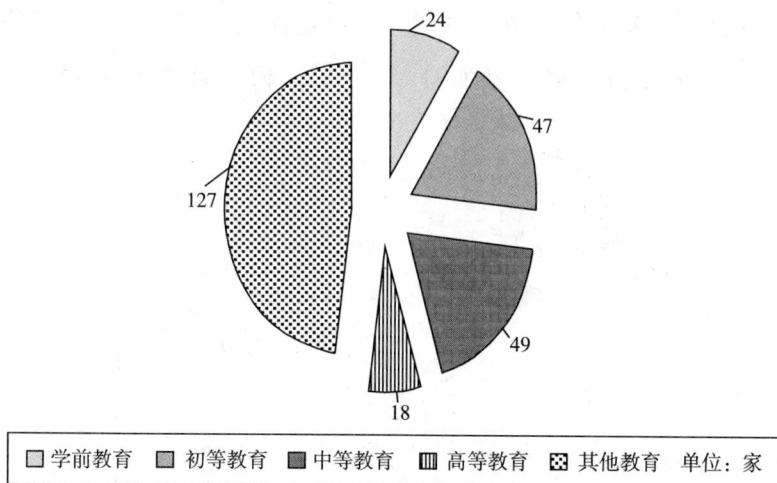

□ 学前教育　▨ 初等教育　▨ 中等教育　▥ 高等教育　▨ 其他教育　单位：家

图 2-44　大兴区教育类法人单位构成

从行业小类看，在教育业 265 个法人单位中，其他教育单位最多，其次是中等教育单位，如图 2-44 所示。从行业从业人员数来看，中等教育吸纳的就业人数最多，占教育类从业人员总数的 35%，如图 2-45 所示。

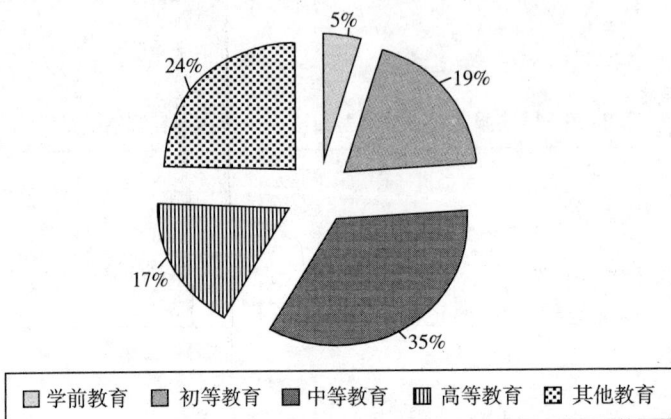

图 2-45　大兴区教育类法人单位从业人员构成

十三、卫生、社会保障和社会福利业

大兴区卫生、社会保障和社会福利业共有法人单位 93 个，如图 2-46 所示。产业活动单位 386 个。其法人单位的从业人员 7257 人，如图 2-47 所示。资产总计 13.6 亿元，收入总计 13.1 亿元，利润总额为 2415.1 万元。

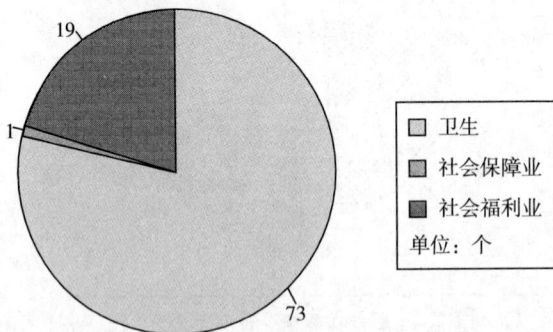

图 2-46　卫生、社会保障和社会福利业法人单位构成

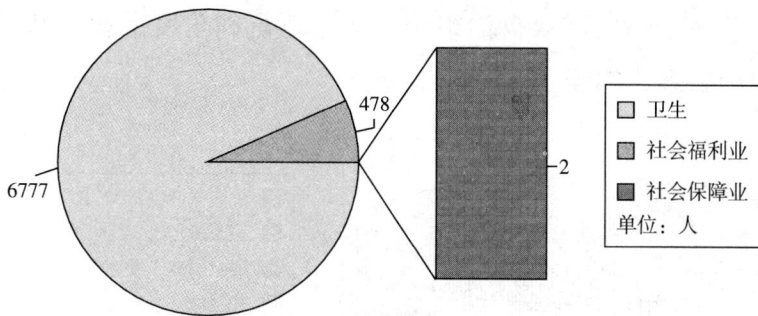

图 2-47 卫生、社会保障和社会福利业法人单位从业人员构成

从行业小类看，在卫生、社会保障和社会福利业 93 个法人单位中，从事卫生业的有 73 家，占整个卫生、社会保障和社会福利业单位数的 78.5%。从事社会福利业的有 19 家，从事社会保障业的有 1 家。从资产总计、收入总计和企业利润总额等经济指标来看，卫生业在整个卫生、社会保障和社会福利业中均占较大比重，具体情况如表 2-16 所示。

表 2-16 卫生、社会保障和社会福利业法人单位主要经济指标情况

项目	单位数（个）	资产总计（千元）	收入合计（千元）	企业利润总额（千元）
卫生	73	1260012	1263179	23012
社会保障业	1	1258	555	0
社会福利业	19	99215	45292	1139
总计	93	1360485	1309026	24151

十四、公共管理和社会组织

大兴区公共管理和社会组织共有法人单位 575 个，产业活动单位 680 个。其中法人单位的从业人员数为 21971 人，资产总计 104.3 亿元，收入总计 38.7 亿元，利润总额为 574.4 万元。

从行业小类看，在公共管理和社会组织 575 个法人单位中，基层群众自治组织的法人单位最多，占到 73.7%，具体情况如图 2-48 所示。从从业人员人数来看，国家机构吸纳的就业人数最多，其次则是基层群众自治组织，如图 2-49 所示。从资产总计和收入总计两个经济指标来看，国家机构所占的

比重最大，其次是基层群众自治组织。从企业盈利角度来看，基层群众自治组织处于盈利状态，如表2-17所示。

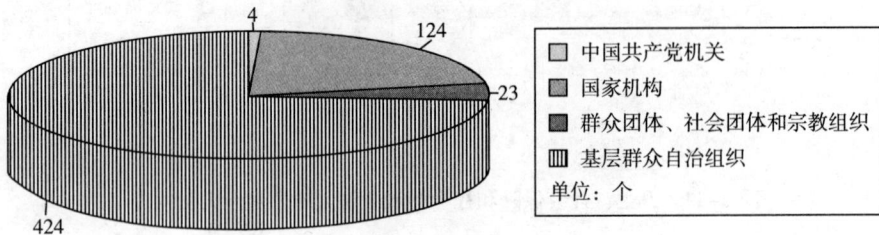

图2-48　公共管理和社会组织法人单位构成

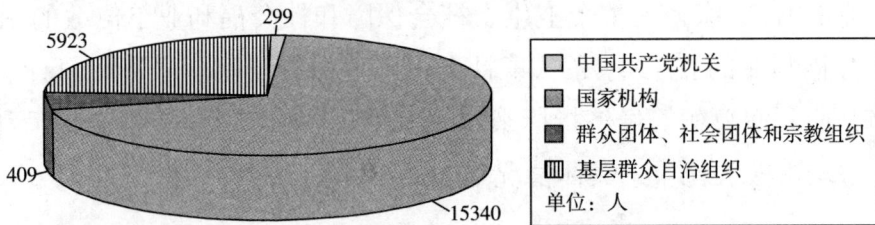

图2-49　公共管理和社会组织法人单位从业人员构成

表2-17　公共管理和社会组织法人单位主要经济指标情况

项目	单位数（个）	资产总计（千元）	收入合计（千元）	企业利润总额（千元）
中国共产党机关	4	40636	67976	0
国家机构	124	6594178	3127311	0
群众团体、社会团体和宗教组织	23	13900	17673	0
基层群众自治组织	424	3781317	655793	5744
总计	575	10430031	3868753	5744

第三章 北京市各地区第三产业发展状况对比

第一节　北京市各地区第三产业总体发展状况对比

以下我们将根据 2004 年北京市经济普查数据对各地区第三产业发展状况进行对比分析。

一、第三产业增加值对比分析

在地区生产总值中，城市功能拓展区总量第一，首都功能核心区位居第二，城市发展新区排第三，最少的是生态涵养发展区，如表 3-1 所示。首都功能核心区第三产业比重最高，达到 88% 以上，城市功能拓展区第三产业比重在 73% 以上，城市发展新区为 34.9%，生态涵养发展区占 42.3%。在首都功能核心区中，金融业最为发达，其次是批发和零售业，信息传输、计算机服务和软件业；在城市功能拓展区中，比重最大的是批发和零售业，其次是金融业和房地产业等，可见，金融业、批发和零售业集中在城市的中心。在城市发展新区中，第三产业中比重最大的是房地产业，其次是教育、金融等；在生态涵养发展区中，第三产业中比重最大的是房地产业，其次是公共管理和社会组织、批发和零售业等。可以看出，无论在中心城区，还是城市新区或者外围的郊区县，房地产业都是相对比较重要的产业。对城市发展新

表 3-1　2004 年北京地区生产总值按功能区分组情况

单位：亿元

	首都功能核心区		城市功能拓展区		城市发展新区		生态涵养发展区	
	生产总值	构成(%)	生产总值	构成(%)	生产总值	构成(%)	生产总值	构成(%)
合计	1533.6	100.0	2777.2	100.0	1046.7	100.0	276.3	100.0
第一产业小计	—	—	4.1	0.1	61.7	5.9	29.7	10.7
第二产业小计	178.4	11.6	742.9	26.8	619.7	59.2	129.8	47.0
工业	127.3	8.3	585.2	21.1	551.1	52.7	108.4	39.2
建筑业	51.1	3.3	157.7	5.7	68.6	6.5	21.4	7.8
第三产业小计	1355.1	88.4	2030.2	73.1	365.4	34.9	116.7	42.3
交通运输、仓储和邮政业	42.6	2.8	154.6	5.6	37.1	3.5	4.1	1.5
信息传输、计算机服务和软件业	169.5	11.1	190.7	6.9	13.6	1.3	0.3	0.1
批发和零售业	192.2	12.5	345.3	12.4	35.4	3.4	14.8	5.4
住宿和餐饮业	49.1	3.2	86.3	3.1	18.3	1.7	9.7	3.5
金融业	352.0	22.9	261.2	9.4	38.8	3.7	12.0	4.3
房地产业	97.8	6.4	235.3	8.5	82.3	7.9	20.7	7.5
租赁和商务服务业	118.9	7.8	136.3	4.9	15.0	1.4	6.4	2.3
科学研究、技术服务和地质勘察业	56.9	3.7	202.8	7.3	14.6	1.4	2.1	0.8
水利、环境和公共设施管理业	8.5	0.6	17.2	0.6	5.6	0.5	3.2	1.2
居民服务和其他服务业	30.0	2.0	34.9	1.3	10.5	1.0	4.2	1.5
教育	46.4	3.0	180.6	6.5	45.6	4.4	13.7	5.0
卫生、社会保障和社会福利业	45.9	3.0	42.8	1.5	12.0	1.2	5.2	1.9
文化、体育和娱乐业	58.7	3.8	78.7	2.8	2.6	0.2	2.7	1.0
公共管理和社会组织	86.7	5.6	63.3	2.3	34.0	3.3	17.5	6.3

区来说，第二产业占主导地位，第三产业发展相对不足，并存在一定比例的第一产业。

从表 3-2 可以看出首都功能核心区包括东城区、西城区、崇文区、宣武区，经济总量最大的是西城区，其次是东城区和宣武区。首都功能核心区第三产业发达，第三产业比重在 80% 以上。西城区最发达的是金融业，金融街聚集了全国和北京市的金融机构的总部；其次是批发和零售业以及信息传输、计算机服务和软件业。东城区排在第一的是信息传输、计算机服务和软件业，其次是批发和零售业。从总体来看，首都功能核心区的金融业、批发和零售业、信息传输、计算机服务和软件业等比较发达。

表 3-2　2004 年北京市首都功能核心区地区生产总值按地区分组情况

单位：万元

城区 指标 项目	东城区		西城区		崇文区		宣武区	
	生产 总值	构成 (%)	生产 总值	构成 (%)	生产 总值	构成 (%)	生产 总值	构成 (%)
合计	4895310	100.0	7444860	100.0	930798	100.0	2064591	100.0
第一产业小计	—	—	—	—	—	—	—	—
第二产业小计	416154	8.5	854352	11.5	207812	22.3	306148	14.8
工业	282493	5.8	682279	9.2	165552	17.8	143060	6.9
建筑业	133661	2.7	172073	2.3	42260	4.5	163088	7.9
第三产业小计	4479156	91.5	6590508	88.5	722986	77.7	1758443	85.2
交通运输、仓储和邮政业	206380	4.2	102161	1.4	18999	2.0	98473	4.8
信息传输、计算机服务和软件业	955126	19.5	660062	8.9	47430	5.1	32837	1.6
批发和零售业	737085	15.1	692407	9.3	111993	12.0	380455	18.4
住宿和餐饮业	275913	5.6	114813	1.5	33362	3.6	66509	3.2
金融业	508064	10.4	2447903	32.9	160457	17.3	403705	19.6
房地产业	287571	5.9	447781	6.0	60692	6.5	181470	8.8
租赁和商务服务业	498276	10.2	514430	6.9	53012	5.7	123489	6.0
科学研究、技术服务和地质勘察业	128948	2.6	324866	4.3	32286	3.5	82878	4.0
水利、环境和公共设施管理业	16356	0.3	34998	0.5	11707	1.3	22290	1.1
居民服务和其他服务业	23016	0.5	236958	3.2	16147	1.7	23440	1.1
教育	112793	2.3	245750	3.3	45578	4.9	59765	2.9
卫生、社会保障和社会福利业	161133	3.3	156153	2.1	38109	4.1	103141	5.0
文化、体育和娱乐业	221486	4.5	261300	3.5	41675	4.5	62772	3.0
公共管理和社会组织	347009	7.1	350926	4.7	51539	5.5	117219	5.7

　　城市功能拓展区包括朝阳区、丰台区、石景山区和海淀区。由表 3-3 可知，从经济总量来看，海淀区居于首位，其次是朝阳区。海淀区和朝阳区在经济总量、第三产业经济总量上都比较接近，这两个区第三产业比重都在 77%以上。丰台区经济总量排第三位，第三产业比重占 2/3 左右。石景山区第三产业比重只有 27.6%，第二产业居主导地位，这主要是由于首钢及钢铁相关产业公司集中于石景山区。海淀区第三产业中位列第一位的是信息传输、计算机服务和软件业，其次是教育、金融业、科学研究、技术服务和地质勘察业等，海淀区具有明显的教育、科技、人才优势，是北京信息传输、计算机服务和软件业的中心。朝阳区排在第一位的是批发和零售业，交通运输、仓储和邮政业排第二位，房地产业居第三位。朝阳区金融业、租赁和商务服务业也比较发达。作为 CBD 中央商务区，朝阳区在发展现代服务业方面具有很大的空间和发展潜力。

表 3-3　2004 年北京市城市功能拓展区地区生产总值按地区分组情况

单位：万元

城区\指标\项目	朝阳区		丰台区		石景山区		海淀区	
	生产总值	构成(%)	生产总值	构成(%)	生产总值	构成(%)	生产总值	构成(%)
合计	11185353	100.0	3327570	100.0	1817970	100.0	11441487	100.0
第一产业小计	16224	0.1	9756	0.3	—	—	15449	0.1
第二产业小计	2511210	22.5	1110005	33.4	1317017	72.4	2490758	21.8
工业	1940094	17.4	769742	23.2	1246835	68.6	1895018	16.6
建筑业	571116	5.1	340263	10.2	70182	3.8	595740	5.2
第三产业小计	8657919	77.4	2207809	66.3	500953	27.6	8935280	78.1
交通运输、仓储和邮政业	1173856	10.5	132738	4.0	25129	1.4	213946	1.9
信息传输、计算机服务和软件业	430558	3.8	79982	2.4	6731	0.4	1389678	12.1
批发和零售业	2023268	18.1	303022	9.1	56716	3.1	1070376	9.3
住宿和餐饮业	432287	3.9	74595	2.2	14406	0.8	341788	3.0
金融业	1048247	9.4	360532	10.8	75169	4.1	1128225	9.9
房地产业	1167524	10.4	287393	8.6	65425	3.6	832971	7.3
租赁和商务服务业	652838	5.8	175568	5.3	23316	1.3	511007	4.5
科学研究、技术服务和地质勘察业	522337	4.7	369159	11.1	32643	1.8	1104357	9.6
水利、环境和公共设施管理业	48963	0.4	15078	0.4	7031	0.4	101305	0.9
居民服务和其他服务业	125340	1.1	59122	1.8	22013	1.2	142568	1.2
教育	362844	3.3	105495	3.2	61085	3.4	1276420	11.2
卫生、社会保障和社会福利业	180242	1.6	65722	2.0	29169	1.6	153220	1.3
文化、体育和娱乐业	176503	1.6	87666	2.6	36541	2.0	486540	4.3
公共管理和社会组织	313112	2.8	91737	2.8	45579	2.5	182879	1.6

　　城市发展新区包括房山区、通州区、顺义区、昌平区、大兴区和亦庄开发区。由表 3-4 可知，从经济总量来看，第一是顺义区，第二是房山区，第三是昌平区。城市发展新区相对来说第二产业比较发达。在第三产业中，城市发展新区的房地产业最为发达，是各区的支柱性产业。城市发展新区的金融业、教育业也比较发达，具有一定的发展潜力。亦庄开发区主要是现代制造业的集中地，第三产业所占比重较低，应该大力发展和现代制造业相配套的服务业。在城市发展新区中，大兴区的第一产业在该区生产总值中所占比重较其他各区较大，但总量不如顺义区；大兴区的第三产业占该区生产总值的比重略高于第二产业；房地产业、金融业、公共管理和社会组织、教育、

表 3-4　2004 年北京市城市发展新区地区生产总值按地区分组情况

单位：万元

区域 项目	房山区		通州区		顺义区		昌平区		大兴区		亦庄开发区	
指标	生产总值	构成(%)	生产总值	构成(%)	生产总值	构成(%)	生产总值	构成(%)	生产总值	构成(%)	生产总值	构成(%)
合计	2095351	100.0	1299355	100.0	2308105	99.9	1824768	100.1	1377941	99.9	1561594	100.0
第一产业小计	115239	5.5	117095	9.0	208564	9.0	41573	2.3	134333	9.7	—	—
第二产业小计	1407969	67.2	644379	49.6	1351193	58.5	864340	47.4	616463	44.7	1312439	84.0
工业	1189615	56.8	521934	40.2	1224599	53.0	758186	41.6	512098	37.1	1304611	83.5
建筑业	218354	10.4	122445	9.4	126594	5.5	106154	5.8	104365	7.6	7828	0.5
第三产业小计	572143	27.3	537881	41.4	748348	32.4	918855	50.4	627145	45.5	249155	16.0
交通运输、仓储和邮政业	68922	3.3	16327	1.3	185238	8.0	9826	0.5	27096	2.0	63409	4.1
信息传输、计算机服务和软件业	1036	0.1	1564	0.1	1295	0.1	48844	2.7	591	—	82764	5.3
批发和零售业	62816	3.0	72608	5.6	67947	2.9	58013	3.2	58833	4.3	33492	2.1
住宿和餐饮业	28844	1.4	32583	2.5	32676	1.4	61249	3.4	24424	1.8	3004	0.2
金融业	58848	2.8	69917	5.4	78710	3.4	83446	4.6	94404	6.8	2344	0.1
房地产业	111849	5.3	124100	9.5	124569	5.4	260657	14.3	169986	12.3	32112	2.1
租赁和商务服务业	27447	1.3	21095	1.6	35159	1.5	41926	2.3	17127	1.2	7126	0.5
科学研究、技术服务和地质勘察业	35398	1.7	8325	0.6	10005	0.4	67361	3.7	11468	0.8	13491	0.9
水利、环境和公共设施管理业	8703	0.4	13901	1.1	8309	0.4	15052	0.8	7982	0.6	1743	0.1
居民服务和其他服务业	17325	0.8	21442	1.7	24447	1.1	18691	1.0	21877	1.6	1479	0.1
教育	63379	3.0	60883	4.7	89239	3.9	156504	8.6	81418	5.9	4680	0.3
卫生、社会保障和社会福利业	25159	1.2	22549	1.7	19751	0.8	31111	1.7	21455	1.6	26	—
文化、体育和娱乐业	2319	0.1	2187	0.2	4345	0.2	11820	0.6	2838	0.2	2145	0.1
公共管理和社会组织	60098	2.9	70400	5.4	66658	2.9	54355	3.0	87646	6.4	1340	0.1

批发和零售这五大产业是大兴区的主要第三产业，这五大产业的总和占该区第三产业生产总值的78.5%，其中房地产业就占了27.1%。

二、第三产业部分经济指标对比

在第三产业的区域分布中，东城、西城等核心功能区占21.6%，朝阳等城市功能拓展区占56.7%，房山等城市发展新区占14.7%，门头沟等生态涵养发展区占7%。这说明北京第三产业法人单位主要集中于八大人口密度大、经济文化发达的城区。服务业具有向中心城区聚集的特点。在城市发展新区中，大兴区第三产业法人单位数最多，占到24.3%，如表3-5所示。

表3-5　2004年北京市第二产业、第三产业法人单位按地区分组情况

单位：个

区域 \ 项目指标	单位个数		第二产业		第三产业	
	数量	构成（%）	数量	构成（%）	数量	构成（%）
合计	255837	100.0	45673	100.0	210164	100.0
首都功能核心区	47980	18.8	2558	5.6	45422	21.6
东城区	14416	5.6	598	1.3	13818	6.6
西城区	17561	6.9	723	1.6	16838	8.0
崇文区	6359	2.5	518	1.1	5841	2.8
宣武区	9644	3.8	719	1.6	8925	4.2
城市功能拓展区	136215	53.2	17115	37.5	119100	56.7
朝阳区	49691	19.4	6077	13.3	43614	20.8
丰台区	21451	8.4	3995	8.7	17456	8.3
石景山区	6245	2.4	1035	2.3	5210	2.5
海淀区	58828	23.0	6008	13.2	52820	25.1
城市发展新区	50709	19.8	19737	43.2	30972	14.7
房山区	9164	3.6	3023	6.6	6141	2.9
通州区	9535	3.7	4395	9.6	5140	2.4
顺义区	7758	3.0	3181	7.0	4577	2.2
昌平区	10098	3.9	3278	7.2	6820	3.2
大兴区	12996	5.1	5463	12.0	7533	3.6
亦庄开发区	1158	0.5	397	0.9	761	0.4
生态涵养发展区	20928	8.2	6260	13.7	14668	7.0
门头沟区	4362	1.7	1207	2.6	3155	1.5

续表

指标　　　项目　区域	单位个数		第二产业		第三产业	
	数量	构成（%）	数量	构成（%）	数量	构成（%）
怀柔区	4768	1.9	1263	2.8	3505	1.7
平谷区	4711	1.8	1805	4.0	2906	1.4
密云县	4362	1.7	1365	3.0	2997	1.4
延庆县	2725	1.1	620	1.4	2105	1.0
其他地区	5	—	3	—	2	—

注："其他地区"指在北京市行政区域以外地区，与《公报》口径有所区别。

从就业人员的区域分布看，第三产业的就业主要集中于八大中心城区，两者合计在80%以上，城市发展新区的服务业发展具有一定的潜力。在城市发展新区中，大兴区第三产业就业人员所占比例仅次于昌平区和顺义区，如表3-6所示。

表3-6　2004年北京市第二产业、第三产业从业人员按地区分组情况

单位：人

指标　　　项目　区域	从业人员		第二产业		第三产业	
	数量	构成（%）	数量	构成（%）	数量	构成（%）
合计	7051517	100.0	2304050	100.0	4747467	100.0
首都功能核心区	1619067	23.0	208184	9.0	1410883	29.7
东城区	502965	7.1	38559	1.7	464406	9.8
西城区	673344	9.5	77610	3.4	595734	12.5
崇文区	134340	1.9	24885	1.1	109455	2.3
宣武区	308418	4.4	67130	2.9	241288	5.1
城市功能拓展区	3491686	49.5	949361	41.2	2542325	53.6
朝阳区	1296412	18.4	329858	14.3	966554	20.4
丰台区	622926	8.8	202623	8.8	420303	8.9
石景山区	199884	2.8	101262	4.4	98622	2.1
海淀区	1372464	19.5	315618	13.7	1056846	22.3
城市发展新区	1435582	20.4	861418	37.4	574164	12.1
房山区	242716	3.4	146475	6.4	96241	2.0
通州区	259934	3.7	171257	7.4	88677	1.9
顺义区	295504	4.2	173121	7.5	122383	2.6
昌平区	293815	4.2	157616	6.8	136199	2.9
大兴区	265875	3.8	153956	6.7	111919	2.4
亦庄开发区	77738	1.1	58993	2.6	18745	0.4

续表

区域 \ 指标 项目	从业人员		第二产业		第三产业	
	数量	构成（%）	数量	构成（%）	数量	构成（%）
生态涵养发展区	495559	7.0	283281	12.3	212278	4.5
门头沟区	84679	1.2	47503	2.1	37176	0.8
怀柔区	112520	1.6	62977	2.7	49543	1.0
平谷区	108660	1.5	68756	3.0	39904	0.8
密云县	127549	1.8	79166	3.4	48383	1.0
延庆县	62151	0.9	24879	1.1	37272	0.8
其他地区	9623	0.1	1806	0.1	7817	0.2

从资产的区域分布来看，第二、第三产业总资产中，首都功能核心区占68.3%，城市功能拓展区占27.5%，城市发展新区只有3.4%，资产高度集中于中心城区。从第二产业总资产看，首都功能核心区占45.5%，城市功能拓展区占33.3%，城市发展新区占17.7%，第二产业的空间布局从中心城区向城市发展新区转移。第三产业总资产中，首都功能核心区占70.2%，城市功能拓展区占27.1%，中心八大城区第三产业总资产占97%以上，如表3-7所示。大兴区的第三产业资产状况落后于城市发展新区中的顺义区、通州区、昌平区，尚有很大的发展空间。

表3-7 北京市第二产业、第三产业资产状况按地区分组情况

单位：亿元

区域 \ 指标 项目	资产总计		第二产业		第三产业	
	数额	构成（%）	数额	构成（%）	数额	构成（%）
合计	216316.9	100.0	16651.8	100.0	199665.1	100.0
首都功能核心区	147646.0	68.3	7580.8	45.5	140065.1	70.2
东城区	18820.5	8.7	357.5	2.1	18462.9	9.2
西城区	118950.6	55.0	5506.0	33.1	113444.5	56.8
崇文区	1229.9	0.6	254.8	1.5	975.1	0.5
宣武区	8645.0	4.0	1462.5	8.8	7182.5	3.6
城市功能拓展区	59562.1	27.5	5536.7	33.3	54025.3	27.1
朝阳区	26934.9	12.5	1876.9	11.3	25058.0	12.5
丰台区	4742.3	2.2	886.7	5.3	3855.5	1.9
石景山区	1149.6	0.5	735.0	4.4	414.6	0.2
海淀区	26735.2	12.4	2038.0	12.2	24697.2	12.4

续表

项目 指标 区域	资产总计		第二产业		第三产业	
	数额	构成（%）	数额	构成（%）	数额	构成（%）
城市发展新区	7459.8	3.4	2942.1	17.7	4517.6	2.3
房山区	982.0	0.5	470.7	2.8	511.3	0.3
通州区	1108.1	0.5	338.1	2.0	770.0	0.4
顺义区	2094.6	1.0	578.5	3.5	1516.1	0.8
昌平区	1363.5	0.6	498.6	3.0	865.0	0.4
大兴区	963.0	0.4	367.1	2.2	595.9	0.3
亦庄开发区	948.5	0.4	689.1	4.1	259.4	0.1
生态涵养发展区	1643.5	0.8	590.8	3.5	1052.7	0.5
门头沟区	230.0	0.1	117.4	0.7	112.6	0.1
怀柔区	479.6	0.2	167.6	1.0	312.0	0.2
平谷区	265.6	0.1	114.3	0.7	151.3	0.1
密云县	492.7	0.2	137.5	0.8	355.2	0.2
延庆县	175.6	0.1	54.0	0.3	121.6	0.1
其他地区	5.6	—	1.2	—	4.3	—

　　第三产业营业收入按地区分布，八大城区占90%以上。城市发展新区第二产业营业收入所占比重达到36.0%，而第三产业所占比重只有6.8%，仍有巨大的发展空间，如表3-8所示。然而，在城市发展新区中，大兴区的第二产业营业收入仅占8.9%，与通州区相当，均落后于其他城区；但是在城市发展新区中，大兴区的第三产业营业收入占17.6%，仅次于最多的顺义区，与昌平区相当。可见，大兴区应在努力发展第二产业的基础上，提高对第三产业的支持力度。

表3-8　北京市第二产业、第三产业营业收入按地区分组情况

单位：亿元

项目 指标 区域	营业收入		第二产业		第三产业	
	数额	构成（%）	数额	构成（%）	数额	构成（%）
合计	30252.8	100.0	8556.6	100.0	21696.2	100.0
首都功能核心区	9945.4	32.9	1437.3	16.8	8508.1	39.2
东城区	2430.3	8.0	324.2	3.8	2106.1	9.7
西城区	5545.8	18.3	478.2	5.6	5067.6	23.4
崇文区	383.5	1.3	75.5	0.9	308.0	1.4
宣武区	1585.8	5.2	559.5	6.5	1026.4	4.7
城市功能拓展区	15033.8	49.7	3604.9	42.1	11428.9	52.7
朝阳区	6331.8	20.9	1209.9	14.1	5121.9	23.6

续表

区域\项目指标	营业收入		第二产业		第三产业	
	数额	构成（%）	数额	构成（%）	数额	构成（%）
丰台区	1663.6	5.5	545.4	6.4	1118.2	5.2
石景山区	771.1	2.5	529.4	6.2	241.7	1.1
海淀区	6267.3	20.7	1320.1	15.4	4947.2	22.8
城市发展新区	4554.2	15.1	3083.8	36.0	1470.4	6.8
房山区	920.7	3.0	674.5	7.9	246.2	1.1
通州区	459.0	1.5	275.6	3.2	183.4	0.8
顺义区	1104.5	3.7	720.5	8.4	384.0	1.8
昌平区	853.8	2.8	594.6	6.9	259.2	1.2
大兴区	534.5	1.8	270.9	3.2	263.7	1.2
亦庄开发区	681.6	2.3	547.8	6.4	133.9	0.6
生态涵养发展区	716.0	2.4	427.4	5.0	288.6	1.3
门头沟区	100.1	0.3	62.3	0.7	37.8	0.2
怀柔区	212.9	0.7	137.8	1.6	75.1	0.3
平谷区	145.6	0.5	86.7	1.0	58.9	0.3
密云县	194.3	0.6	108.6	1.3	85.7	0.4
延庆县	63.1	0.2	32.0	0.4	31.1	0.1
其他地区	3.5	—	3.2	—	0.3	—

由表 3-9 可知，个体经营户主要分布在城市功能拓展区，城市发展新区也占较大比重。服务业存在梯次分布，首都功能核心区是现代服务业的集中地，而传统服务业则主要分布在城市功能拓展区和城市发展新区。在城市发展新区中，大兴区吸引了大量的个体经营户从业人员，从总数上仅次于房山区，平均每户吸纳的人员为 2.72 人，高于除亦庄开发区外的其他城区；然而，在城市发展新区中，大兴区的个体经营户从业人员平均每人创造的营业收入仅为 3.21 万元，落后于其他各区的水平；大兴区的个体经营户平均每户和平均每人缴纳税费分别为 0.41 万元和 0.15 万元，均低于同区域的其他城区水平。由此可以看出，大兴区可以采取多种鼓励及优惠措施，提高个体经营户的积极性，提高单户的营业收入，从而有助于税收收入的提高。

表3-9　北京市个体经营户主要经济指标地区分组情况

	户数（户）	从业人员（人）	营业收入（万元）	营业支出（万元）	交纳税费（万元）	固定资产（万元）
合计	476947	1089704	6065754	4398610	311211	1011802
首都功能核心区	47246	105177	542264	419520	36671	60326
东城区	6428	16621	61489	46689	4420	9995
西城区	18228	39483	227864	184132	19037	32873
崇文区	11188	23713	135546	86650	7660	2280
宣武区	11402	25360	117365	102050	5553	15179
城市功能拓展区	213733	505961	2823772	1974125	169517	308720
朝阳区	85757	203110	1064406	733468	68895	142001
丰台区	66222	157053	847916	601323	54966	73175
石景山区	10796	25159	81703	66168	2227	14116
海淀区	50958	120639	829747	573167	43428	79428
城市发展新区	150011	354180	1812505	1377592	74499	428102
房山区	37976	81557	603875	444779	20146	101874
通州区	29340	60318	419284	339867	15203	80633
顺义区	30072	72581	333911	253819	16379	116956
昌平区	22888	58757	195120	153639	10356	62791
大兴区	29615	80409	257995	183731	12260	64890
亦庄开发区	120	558	2320	1757	156	959
生态涵养发展区	65957	124386	887214	627372	30524	214653
门头沟区	7034	14399	71820	52838	2749	20942
怀柔区	10924	26031	155170	117191	2533	49894
平谷区	8395	20281	120352	96690	2069	25137
密云县	21959	38357	311955	204226	7799	78895
延庆县	17645	25318	227917	156427	15373	39785

第二节　北京市各地区第三产业分行业发展状况对比

以下我们将根据2004年北京市经济普查数据对各地区第三产业分行业发展状况进行对比分析。

由表3-10可知，批发和零售业主要集中在城市功能拓展区和首都功能核心区，城市发展新区和生态涵养发展区相对规模偏小。但是，在城市发展新区中，大兴区的批发和零售业单位数量是最多的，占27.0%；大兴区的批

表 3-10　批发和零售业主要经济指标地区分组情况

单位：亿元

	单位个数	资产总计	负债合计	实收资本	营业收入	利润总额	销售额
合计	72880	8103.0	5318.0	2104.9	9771.1	221.7	10722.6
首都功能核心区	14382	3480.7	2276.0	825.4	2849.5	84.1	3109.7
东城区	3894	1389.5	729.4	420.3	1065.9	32.9	1157.6
西城区	4873	1303.2	1015.1	228.0	1110.1	28.6	1203.0
崇文区	2361	142.9	106.2	40.2	187.4	—	207.8
宣武区	3254	645.1	425.3	136.8	486.1	22.5	541.3
城市功能拓展区	43908	4195.9	2763.5	1143.9	6140.4	130.7	6709.1
朝阳区	15089	2215.8	1370.8	582.4	3117.4	100.0	3385.6
丰台区	7339	300.6	212.3	96.7	468.7	-2.2	524.7
石景山区	1979	144.5	106.1	34.7	176.5	-0.3	198.0
海淀区	19501	1534.9	1074.4	430.0	2377.7	33.1	2600.8
城市发展新区	10458	350.3	228.9	110.9	646.3	3.9	748.3
房山区	2309	75.8	46.0	24.6	177.0	—	204.7
通州区	1816	42.3	25.9	14.7	86.8	1.2	101.5
顺义区	1256	61.8	41.4	17.8	101.8	1.4	119.3
昌平区	2038	66.0	42.0	24.5	73.1	—	82.2
大兴区	2822	75.2	53.4	22.2	141.7	0.4	165.7
亦庄开发区	217	29.2	20.2	7.1	65.9	1.0	74.8
生态涵养发展区	4132	76.1	49.5	24.8	134.9	3.0	155.4
门头沟区	927	11.1	8.5	4.0	19.1	—	21.4
怀柔区	958	26.1	17.4	7.5	37.9	1.3	45.5
平谷区	803	14.1	7.7	5.1	37.5	1.5	43.3
密云县	909	17.5	11.7	5.1	32.0	0.7	34.8
延庆县	535	7.3	4.1	3.0	8.5	-0.4	10.4

发和零售业的总资产、营业收入、销售额仅低于房山区，分别占 21.5%、21.9% 和 22.1%，高于其他城区；但是，大兴区的批发和零售业的负债总额最高，且利润总额仅为 0.4 亿元，为可得数据的几个城区中最低的。

从表 3-11 可以看出，同批发和零售业一样，住宿业主要集中在城市功能拓展区和首都功能核心区，城市发展新区和生态涵养发展区相对规模偏小，不同的是生态涵养发展区住宿业单位数量略多于城市发展新区。并且，仅有东城区、朝阳区、海淀区的住宿业利润总额为正值，其他均为负值；利润总额以高档酒店集中的朝阳区的 5.7 亿元为最高，从而使整个北京市住宿业的利润总额为正。在城市发展新区中，除亦庄开发区外，大兴区住宿业的

表 3-11 住宿业主要经济指标地区分组情况

单位：亿元

	单位个数	资产总计	负债合计	实收资本	营业收入	利润总额	客房收入	餐费收入
合计	3011	634.6	409.4	339.7	188.0	2.7	98.7	50.7
首都功能核心区	1072	197.4	146.8	83.6	60.1	-0.4	35.3	16.2
东城区	327	107.7	84.8	50.1	32.7	1.1	19.4	8.6
西城区	306	53.3	31.6	15.8	16.5	-0.2	9.3	4.5
崇文区	137	12.9	10.2	5.1	3.1	-0.4	1.9	0.8
宣武区	302	23.6	20.2	12.5	7.9	-0.9	4.7	2.3
城市功能拓展区	1319	309.6	186.3	213.5	102.0	5.9	53.7	25.1
朝阳区	451	148.1	105.2	63.7	55.5	5.7	29.7	13.1
丰台区	282	23.8	11.1	10.0	6.4	-0.6	3.6	1.5
石景山区	45	7.3	4.6	3.0	1.9	-0.2	0.8	0.7
海淀区	541	130.4	65.4	136.8	38.2	0.9	19.5	9.8
城市发展新区	265	71.1	50.4	24.3	16.6	-1.6	6.4	5.7
房山区	68	9.4	6.1	9.6	1.7	-0.6	0.6	0.7
通州区	30	6.1	4.6	1.6	1.4	-0.1	0.4	0.5
顺义区	43	15.1	12.5	6.2	4.4	-0.4	2.2	1.4
昌平区	92	36.7	25.1	5.0	7.7	-0.4	2.6	2.6
大兴区	28	3.6	1.6	1.8	1.0	-0.1	0.4	0.3
亦庄开发区	4	0.2	0.4	0.1	0.4	—	0.2	0.1
生态涵养发展区	355	56.4	26.0	18.3	9.3	-1.2	3.3	3.7
门头沟区	53	3.9	2.5	1.5	1.3	-0.1	0.4	0.6
怀柔区	143	22.8	8.0	9.0	3.5	-0.3	1.3	1.1
平谷区	45	7.0	4.1	2.2	1.1	-0.2	0.4	0.5
密云县	73	17.2	7.0	4.5	2.1	-0.4	0.7	0.8
延庆县	41	5.6	4.4	1.1	1.4	-0.2	0.4	0.7

单位个数、资产总额、营业收入、客房收入、餐费收入等指标都略低于其他城区（仅客房收入与通州区持平），可见大兴区的住宿业竞争力比较弱。

餐饮业总体亏损，仅东城区、崇文区、宣武区利润总额为正，如表 3-12 所示。从地区分布看，餐饮业相对集中于首都功能核心区与城市功能拓展区，在城市发展新区与生态涵养发展区相对均匀分布，在盈利方面存在一定的差异。在城市发展新区中，大兴区的餐饮业单位数量仅占 16.1%；除亦庄开发区外，大兴区餐饮业的资产总计、实收资本、营业收入、餐费收入等指标所占比例相对较低，分别占 11.3%、11.1%、14.3%、14.6%。

表 3-12　餐饮业主要经济指标地区分组情况

单位：亿元

	单位个数	资产总计	负债合计	实收资本	营业收入	利润总额	餐费收入
合计	6737	143.1	100.8	55.6	175.6	−3.0	162.6
首都功能核心区	1620	58.3	40.9	18.7	72.9	0.9	68.5
东城区	510	26.3	19.0	7.5	39.0	0.9	37.8
西城区	613	15.9	11.5	7.1	17.2	−0.4	15.7
崇文区	200	3.2	2.2	1.1	6.1	0.2	5.7
宣武区	297	12.9	8.3	2.9	10.6	0.3	9.3
城市功能拓展区	3786	72.4	52.0	31.6	90.4	−3.3	83.1
朝阳区	1660	36.4	26.9	16.0	43.7	−1.7	40.9
丰台区	525	9.5	6.9	4.2	9.5	−0.4	7.5
石景山区	181	1.6	1.2	0.6	2.6	−0.1	2.5
海淀区	1420	24.9	17.0	10.7	34.7	−1.1	32.2
城市发展新区	739	8.0	5.1	3.6	9.1	−0.5	8.2
房山区	157	1.4	1.0	0.4	1.6	−0.1	1.4
通州区	131	1.2	0.8	0.5	1.6	—	1.5
顺义区	109	1.4	0.8	0.6	1.4	−0.1	1.2
昌平区	203	2.9	1.7	1.5	2.7	−0.2	2.5
大兴区	119	0.9	0.5	0.4	1.3	−0.1	1.2
亦庄开发区	20	0.2	0.3	0.1	0.5	−0.1	0.5
生态涵养发展区	592	4.4	2.8	1.8	3.2	−0.1	2.8
门头沟区	78	0.4	0.3	0.1	0.6	—	0.6
怀柔区	225	1.4	0.6	0.7	1.2	—	0.9
平谷区	76	0.3	0.1	0.2	0.2	—	0.2
密云县	111	0.8	0.6	0.5	0.5	—	0.5
延庆县	102	1.5	1.2	0.3	0.7	—	0.6

从地区分布来看，租赁和商务服务业主要集中在首都功能核心区和城市功能拓展区，而以 CBD 著称的朝阳区和高新技术云集的海淀区则位居前列，是商务服务业集聚的地区。在城市发展新区中，大兴区的租赁和商务服务业的单位个数是最多的，占 29.7%；大兴区的租赁和商务服务业的资产总计仅次于顺义区和昌平区，实收资本、营业收入、利润总额等指标基本落后于同区域的其他地区，如表 3-13 所示。

表 3-13　租赁和商务服务业主要经济指标地区分组情况

单位：亿元

	单位个数	资产总计	负债合计	实收资本	营业收入	利润总额
合计	38383	19440.6	8279.6	7722.6	1221.7	244.8
首都功能核心区	10255	5689.0	2928.4	2217.4	372.6	76.2
东城区	3434	1940.8	802.8	1151.7	171.0	10.3
西城区	3911	3119.1	1899.0	773.4	146.4	58.6
崇文区	1079	158.4	55.3	98.7	19.4	0.9
宣武区	1831	470.7	171.3	193.5	35.7	6.4
城市功能拓展区	20832	13114.4	5020.8	5286.4	796.6	158.6
朝阳区	9925	9576.0	3694.9	3656.3	542.5	46.9
丰台区	2377	433.4	204.4	136.7	60.8	6.5
石景山区	851	42.0	25.4	12.2	5.6	0.2
海淀区	7679	3063.0	1096.0	1481.2	187.7	105.0
城市发展新区	5063	483.2	254.9	178.0	41.5	8.6
房山区	970	53.5	27.6	13.5	7.8	0.9
通州区	686	50.2	29.9	15.7	5.7	0.2
顺义区	621	182.4	68.0	87.6	10.7	7.0
昌平区	1152	79.1	33.1	28.3	10.8	0.1
大兴区	1504	70.2	52.2	14.9	4.2	0.1
亦庄开发区	130	47.8	44.1	18.0	2.2	0.3
生态涵养发展区	2233	154.2	75.4	40.8	11.0	1.4
门头沟区	508	24.1	9.5	10.3	2.1	0.6
怀柔区	658	36.3	15.8	11.8	3.1	0.3
平谷区	533	11.5	11.5	2.7	0.6	-0.3
密云县	336	66.2	31.0	7.8	1.8	—
延庆县	198	16.1	7.6	8.1	3.5	0.8

由表 3-14 可知，居民服务和其他服务业主要集中在首都功能核心区和城市功能拓展区，与人口密集程度关系紧密。

表 3-14　居民服务和其他服务业主要地区分组情况

单位：亿元

	单位个数	资产总计	负债合计	实收资本	营业收入
合计	15019	822.7	342.1	307.8	288.0
首都功能核心区	2730	316.0	74.8	157.8	124.1
东城区	768	12.7	8.2	5.2	4.7
西城区	910	257.2	35.0	142.1	111.7
崇文区	404	36.0	26.6	5.8	3.5
宣武区	648	10.1	5.0	4.8	4.3

续表

	单位个数	资产总计	负债合计	实收资本	营业收入
城市功能拓展区	9252	440.1	232.7	128.1	149.0
朝阳区	3579	111.7	46.2	38.5	43.3
丰台区	1417	27.0	17.1	9.7	18.2
石景山区	457	7.3	2.4	1.1	2.7
海淀区	3799	294.0	167.0	78.8	84.8
城市发展新区	2138	52.9	27.4	18.0	10.6
房山区	336	3.8	1.7	1.7	1.0
通州区	409	20.6	15.9	4.3	2.0
顺义区	358	13.2	1.4	6.8	2.1
昌平区	514	9.9	5.7	3.1	3.2
大兴区	488	4.5	2.2	1.8	1.9
亦庄开发区	33	0.9	0.6	0.4	0.5
生态涵养发展区	899	13.7	7.2	3.9	4.2
门头沟区	195	3.4	1.4	1.1	1.0
怀柔区	167	0.5	0.1	0.3	0.4
平谷区	239	1.2	0.2	0.4	0.4
密云县	200	7.0	4.5	1.5	2.2
延庆县	98	1.6	1.0	0.6	0.3

由表 3-15 可知，卫生、社会保障和社会福利业主要集中在首都功能区和城市功能拓展区，城市发展新区和生态涵养发展区相对较弱。在城市发展新区中，大兴区的卫生、社会保障和社会福利业虽然在单位个数和资产总计上不占优势，但是实收资本高于其他四个城区，并且营业收入基本位于平均水平。

表 3-15 卫生、社会保障和社会福利业主要经济指标地区分组情况

单位：亿元

	单位个数	资产总计	负债合计	实收资本	营业收入
合计	2280	464.6	101.6	17.5	251.8
首都功能核心区	417	204.7	30.8	3.0	118.0
东城区	145	81.1	11.4	1.0	41.3
西城区	114	62.9	8.4	0.8	44.8
崇文区	71	12.4	1.1	0.4	9.7
宣武区	87	48.3	9.9	0.9	22.1
城市功能拓展区	906	185.9	50.2	11.5	98.0
朝阳区	354	87.0	27.2	6.7	44.4
丰台区	151	25.5	5.2	2.2	14.4

续表

	单位个数	资产总计	负债合计	实收资本	营业收入
石景山区	86	10.1	2.5	—	4.6
海淀区	315	63.3	15.3	2.6	34.6
城市发展新区	543	55.7	14.1	2.0	25.4
房山区	137	8.9	3.1	0.4	5.6
通州区	123	10.1	3.4	0.1	6.6
顺义区	80	7.6	1.5	0.1	4.0
昌平区	119	22.6	4.2	0.6	4.2
大兴区	84	6.4	1.9	0.8	5.0
亦庄开发区	—	—	—	—	—
生态涵养发展区	414	18.4	6.6	1.0	10.4
门头沟区	75	3.2	1.3	0.5	2.7
怀柔区	68	3.8	1.4	0.1	2.2
平谷区	94	5.2	2.4	0.4	1.7
密云县	80	4.2	1.2	0.1	2.3
延庆县	97	1.9	0.3	—	1.4

由表 3-16 可知，文化、体育和娱乐业主要集中在首都功能核心区和城市功能拓展区，营业收入比较多的是海淀区、东城区、朝阳区和西城区，这四个城区占了北京市的 83.7%；从资产总计上看，比较多的也是海淀区、朝阳区、东城区、西城区这四个城区，它们的资产合计占了北京市的 79.2%。城市发展新区和生态涵养发展区的文化、体育和娱乐业较弱。在城市发展新区中，昌平区较占优势，大兴区的单位个数较多，然而营业收入并不是很理想。

表 3-16　文化、体育和娱乐业主要经济指标地区分组情况

单位：亿元

	单位个数	资产总计	负债合计	实收资本	营业收入
合计	6850	1083.2	340.7	202.3	395.6
首都功能核心区	2047	400.7	112.4	67.5	142.4
东城区	733	156.5	41.8	37.0	59.8
西城区	765	152.8	39.0	13.0	51.3
崇文区	222	36.9	16.6	8.5	16.5
宣武区	327	54.6	15.1	9.0	14.8
城市功能拓展区	3870	607.9	181.4	111.6	244.5
朝阳区	1642	166.1	82.6	53.3	55.7
丰台区	313	40.1	16.2	5.6	20.9
石景山区	197	19.2	2.7	1.8	3.7
海淀区	1718	382.5	79.9	50.9	164.2

	单位个数	资产总计	负债合计	实收资本	营业收入
城市发展新区	648	59.8	39.6	17.9	6.8
房山区	99	6.2	4.3	1.8	0.6
通州区	122	12.2	7.8	1.7	1.0
顺义区	108	4.7	3.0	1.6	1.1
昌平区	181	27.5	18.9	8.8	3.2
大兴区	114	4.8	3.5	1.9	0.5
亦庄开发区	24	4.5	2.1	2.1	0.3
生态涵养发展区	285	14.7	7.2	5.4	2.0
门头沟区	63	0.7	0.4	0.2	0.1
怀柔区	61	4.1	1.2	2.2	0.4
平谷区	56	0.9	0.5	0.1	0.1
密云县	51	5.7	3.4	1.9	0.2
延庆县	54	3.4	1.8	1.0	1.2

北京是中国的首都，承担着众多行政管理职能，是众多中央国家机关和北京市地方机关所在地，另外，还有众多的社会组织和团体。这些公共管理和社会组织从业人员达34万人之多。这些组织包括党的机关、国家机关、群众团体和群众组织等。除其他地区外，公共管理和社会组织的单位数量在四大区域分布比较均匀，城市发展新区的数量略多一些；然而，首都功能核心区及城市功能拓展区的从业人员数量之和占北京市的63.3%，这可能与重要的中央国家机关主要分布在这两个区域有关。在城市发展新区中，大兴区的单位个数略低于房山区，但是从业人员数量在该区域中是最多的，占24.4%，具体情况如表3-17所示。

表3-17 公共管理和社会组织按地区分组情况

	单位个数（个）	从业人员（人）
合计	13319	341340
首都功能核心区	3070	108205
东城区	1102	44966
西城区	1145	42836
崇文区	347	7455
宣武区	476	12948
城市功能拓展区	3372	107750
朝阳区	1157	48862
丰台区	595	15770

续表

	单位个数（个）	从业人员（人）
石景山区	325	7263
海淀区	1295	35855
城市发展新区	3858	76236
房山区	851	14687
通州区	777	15255
顺义区	753	16803
昌平区	626	10457
大兴区	840	18580
亦庄开发区	11	454
生态涵养发展区	3017	41332
门头沟区	706	6234
怀柔区	610	8327
平谷区	502	9997
密云县	598	7716
延庆县	601	9058
其他地区	2	7817

第三节 大兴区与北京其他郊区县第三产业对比分析

根据 2007 年统计资料，与北京市其他郊区县相比，大兴区的常住人口最多，达到 97.8 万人，如表 3-18 所示，但地区生产总值仅排名第四，因此人均 GDP 相对较低，如图 3-1 所示。此外，大兴区地区生产总值的增长速度排名第六，与怀柔区、顺义区和昌平区等相比发展较慢，如图 3-2 所示。

从三次产业结构来看，北京各郊区县基本呈现第二和第三产业并重的结构（延庆县第三产业的比重较大），延庆县、密云县、平谷区和大兴区第一产业所占的比重较高，如图 3-3 所示。

从第三产业的发展来看，大兴区第三产业增加值在北京各郊区县中排名第三，但其发展速度较慢，如图 3-4 所示。相比之下，顺义区和昌平区第三产业增加值较大，且发展速度较快。因此，大兴区应加快第三产业的发展步伐。

表 3-18　北京市各郊区县主要经济指标对比情况

主要经济指标 区县	常住人口数（万人）	地区生产总值（亿元）	人均 GDP（万元）
大兴区	97.8	194.3	1.9867
昌平区	89.6	269.8	3.0112
顺义区	73.6	355.1	4.8247
通州区	96.5	186.8	1.9358
房山区	88.7	210.8	2.3766
平谷区	42.4	72.1	1.7005
怀柔区	31.6	121.5	3.8449
密云县	44.9	94.6	2.1069
延庆县	28.6	51.1	1.7867
门头沟区	27.0	56.6	2.0963

单位：万元 / 人

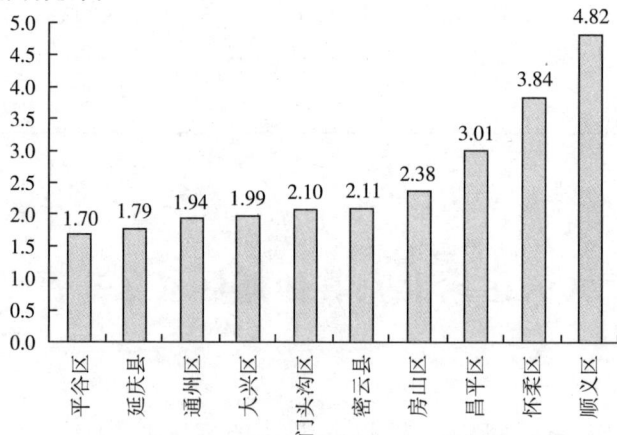

图 3-1　北京市各郊区县人均地区生产总值

单位：%

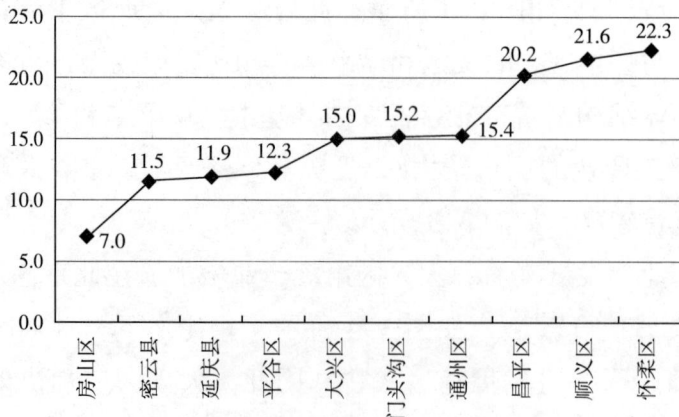

图 3-2　北京市各郊区县地区生产总值增长速度

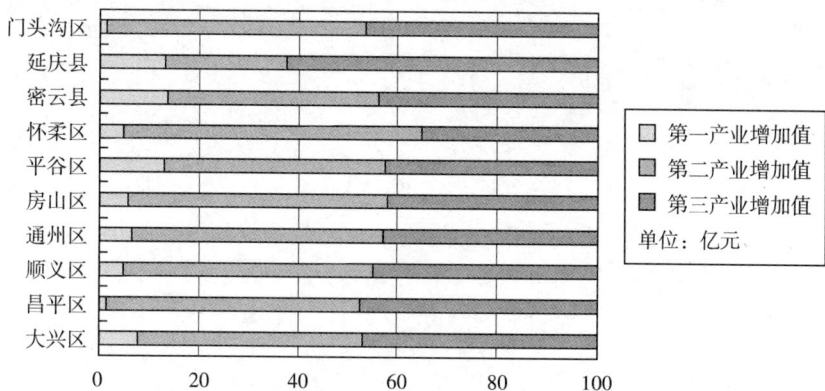

图 3-3　各郊区县三次产业结构情况

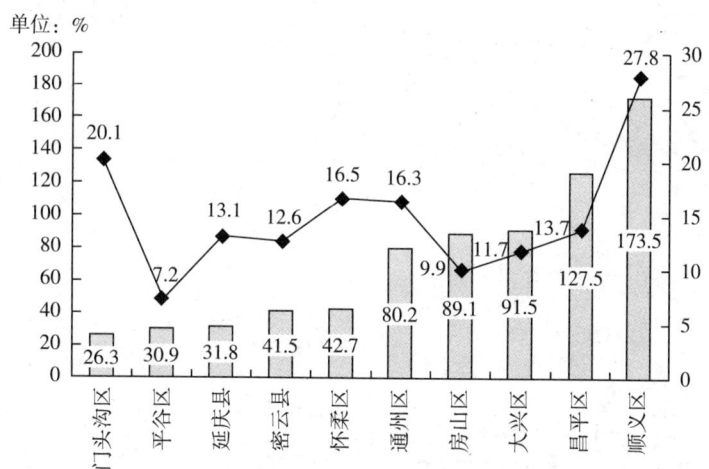

图 3-4　各郊区县第三产业增加值及增长率

第四章

北京市大兴区第三产业发展的优劣势分析

第一节　大兴区第三产业发展面临的宏观环境

北京作为中国的首都，是全国的经济、政治、科技、文化中心，经济发达，人口密集，具有发展服务业的区位优势、资本优势、技术优势、人力资源优势、市场优势，大力发展现代服务业是实现北京市城市发展目标定位的重要措施。《北京城市总体规划（2004~2020年）》中对北京的发展目标定位是：国家首都、世界城市、文化名城、宜居城市。《北京市国民经济和社会发展第十一个五年规划纲要》提出：加快发展现代服务业，不断优化首都金融发展环境，积极支持金融机构推进产品和服务创新，着力推动产权交易和风险资本市场发展。制定支持文化创意产业发展的地方法规和优惠政策，打破行业垄断，鼓励资源重组，强化资金扶持，重点发展六大文化创意产业。抓住奥运契机，打造世界一流旅游城市和国际会展之都。以"稳步发展、优化结构、稳定价格"为目标，引导房地产业健康发展。改造提升商业等传统服务业，加快物流业发展。积极发展各类社会中介服务。2010年第三产业的比重达到72%左右。为了推进服务业的发展，需规范服务业统计口径。

加快服务业发展，对于带动全市经济结构调整、促进经济增长方式转变、增强首都综合服务功能具有重要意义。从整体上看，服务业发展基础良好，不仅在首都经济的总量、税收、就业、利用外资等主要经济指标上占据

了 2/3 以上，而且在促进产业结构升级、提高人口素质、改善人民生活品质、提升城市服务功能、构建和谐社会等方面发挥着日益重要的作用。《北京市"十一五"时期服务业发展规划》提出北京市服务业发展目标，通过大力推进服务业发展，不断增强首都服务功能，到"十一五"末期，初步形成与构建国际城市相适应的服务业发展格局。"十一五"期间，服务业年均增幅保持在 10% 左右，预计到 2010 年，服务业增加值占 GDP 的比重达到 72% 左右，就业比重达到 70%。"十一五"时期，知识含量高、关联带动强、符合首都经济发展方向的服务行业快速发展。在服务业增加值中，文化创意产业比重达到 15% 左右，生产性服务业比重达到 55% 左右。根据首都城市性质、功能定位和资源禀赋，着眼于消费结构升级和发展潜力，结合北京市服务业发展基础和产业技术条件，进一步提高服务业的比重和发展水平。优先发展以文化创意产业为代表，体现知识时代产业发展新趋势，有利于丰富首都经济新内涵、加快首都经济结构调整的新兴服务业。大力发展基础条件好、辐射带动强，能够体现现代制造业与现代服务业融合发展的生产性服务行业，降低社会交易成本，提高资源配置效率。加快发展就业容量大、科技含量较高的消费性服务业，满足广大居民消费结构升级需求。

大兴区发展定位为首都新世纪的发展空间、北京新经济的发展平台。其在北京市的区位如图 4-1 所示，其所属乡镇如图 4-2 所示。城市化功能定位：承担北京中心城区延伸的部分城市功能，促进中心区空间结构的优化，服务于首都经济建设；承接市区人口疏散和吸纳市区外迁企业基地，缓解市区交通压力，促进城市人口就业，统筹城乡发展；北京市现代制造业聚集基地；北京市交通枢纽和现代物流服务中心，具有现代大型商贸服务功能；吸纳高科技、高素质人才工作和生活基地；保障中央行政办公未来发展后备基地的功能；完善与补充首都城市旅游娱乐功能。

图 4-1　大兴区位

图 4-2　大兴区属乡镇

大兴区第三产业发展具有良好的外部环境和发展机遇。北京市政府高度重视服务业的发展，制定了"十一五"期间服务业发展规划，为发展服务业指明了方向。北京市以及大兴区经济的快速发展和居民收入水平的提高，为第三产业发展提供了巨大的市场空间。北京市经济结构调整和产业结构升级为大兴区第三产业发展提供了契机，2008 年北京奥运会的举办为服务业发展注入了更强劲的动力。

第二节　大兴区发展第三产业的优势

一、北京南城发展规划带来多方位优势和发展契机

北京市《促进城市南部地区加快发展行动计划》（以下简称《行动计划》）于 2009 年 11 月正式对外发布。地处城市南部的大兴区将迎来新的发展机遇。

第一，500 亿元巨额投资支撑城南发展。未来三年，市区两级财政对城南地区投资将超过 500 亿元。政府投资将带动起大量的社会投资，总投资可能达到 2900 亿元。这为大兴区经济发展水平再上新台阶奠定了更加坚实的基础。

第二，轨道交通带来的交通改善。《行动计划》提出，未来五年，城南地区在目前已开通 2 号线、4 号线、5 号线这 3 条线路的基础上，力争建成 7 条轨道交通线，新增运营里程 188 公里，累计将达到 10 条线路，运营里程 210 公里。2010 年，大兴区已开通亦庄线、大兴线等多条线路，极大地缓解了亦庄、大兴新城进城难问题，也将明显改善京津塘、京开等同方向高速公路的交通拥堵状况。图 4-3 为大兴区的轨道交通。大兴区将加快道路建设，增强大兴新城与中心城区的道路通行能力，推进万寿路、马西路南延工程，加快蒲黄榆快速路建设。强化新城交通联络，完成清源路东延，实施魏永路中段工程。图 4-4 为大兴区规划中的公共交通。

第三，产业功能区定位逐渐明确。过去大兴区有"三缺"，即缺大政策、缺大市政、缺大项目，因此影响了整个地区的发展。《行动计划》指出，产业功能区是承载高端产业的重要平台，是增强区域"造血"功能的关键。未来三年，将积极构建"一轴一带多园区"的产业空间格局。"一轴"是南中轴，南中轴既是文化轴，也是产业轴。"一带"是永定河水岸经济带。"多园区"主要是指近几年重点发展的丽泽金融商务区、中关村丰台科技园、大兴生物

图4-3　大兴区的轨道交通

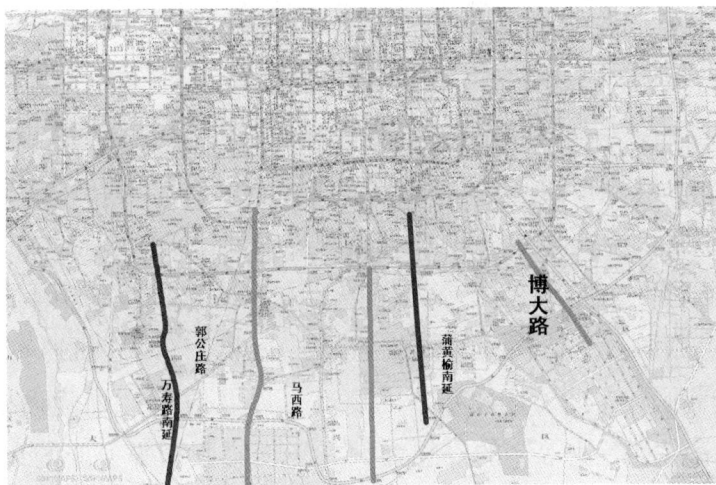

图4-4　大兴区规划中的公共交通

医药基地、大兴新媒体产业基地、龙潭湖体育产业园、北京石化新材料科技产业基地等。对符合城南地区功能定位和实际需求的重大项目和重大活动，将优先考虑在城市南部地区布局，并在项目前期储备、审批、实施等环节主动向城市南部地区倾斜。这一政策为大兴区的第三产业发展提供了难得的契机和更为清晰的产业定位。

图4-5为规划中的大兴区内产业功能区。

第四，大兴区医疗和教育资源逐步丰富。目前，本区的医疗、教育资源

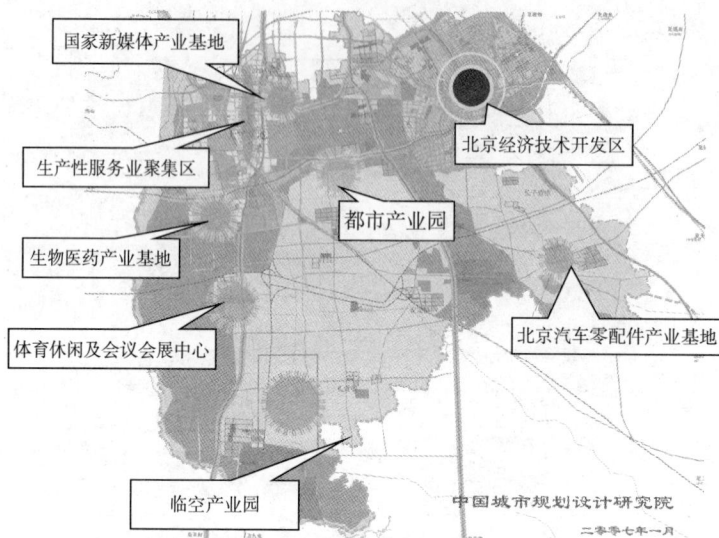

图 4-5　规划中的大兴区内产业功能区

总的来看数量少、规模小、服务水平相对较低。《行动计划》提出，未来三年，将在教育、医疗、危改等方面进行改善。例如，开工建设天坛医院搬迁工程、国家话剧院工程、北京建筑工程学院新校区工程等项目，集聚高端要素。建设宣武医院改扩建一期、大兴区体育中心建设工程等一批项目。

第五，文化创意、体育、旅游业迎来发展契机。南城规划的实施会对大兴地区周边道路、基础设施、环境保护等方面的完善起到根本的影响作用，为文化创意、旅游业、住宿和餐饮业等第三产业带来发展机遇。

第六，首都第二机场建设项目的启动，以及政府计划建设机场 30 万人集镇和"京南临空产业带"的设想为大兴区物流业和服务业的大跨步发展提供了难得的机遇。

第七，大兴区与北京经济技术开发区行政资源整合形成合力优势。大兴区面临着北京市委、市政府推动大兴区与北京经济技术开发区行政资源整合、理顺管理体制、打造新的发展空间的重大决策机遇，如果能够加强与北京经济技术开发区合作，积极主动做好开发区扩区相关配合工作，形成发展合力，将会极大推进亦庄新城周边地区借势发展。随着两区资源整合，京开高速沿线、兴华大街沿线和大兴新城核心区将会得到大规模改善，城乡接合部地区改造和城区建设会加快，城市综合承载能力将得到加强。这样会进一

步提高大兴新城对大兴区经济社会发展的带动作用。

二、大兴区发展第三产业的资源优势

1. 工农业发展蓬勃向上，为第三产业发展提供了强劲动力

大兴区产业的分布早已实现"三、二、一"的格局。随着区内固定资产投资的不断增加，尤其是第三产业投资的高增长，在一定程度上带动了第三产业的快速发展，成为第三产业发展的助推器。

大兴区现代制造业、生产性服务业、文化创意产业进一步发展壮大。生物医药基地着力吸引高端项目，民海生物、以岭药业等一批项目建成投产。紧抓国际汽车资源整合和新能源利用的有利时机，大兴区成功引进了新能源汽车等项目。大兴区引进外资成效显著，2009 年全年共引进 5000 万元以上的项目 37 个，主导产业对大兴区经济发展和产业结构升级的支撑作用进一步增强。

来自大兴区发展和改革委员会（以下简称发改委）的统计数字显示，2009 年大兴区完成工业总产值 422 亿元，同比增长 10.3%。其中规模以上的现代制造业去年全年完成产值 66.7 亿元，实现利润总额 6.3 亿元，同比增长 26%。金融、商务服务等生产性服务业税收贡献增大，2009 年占到大兴区第三产业税收的 20%。这一数字在未来几年将迅速攀升。

2. 房地产业发展迅猛

近年来，房地产业实现利润占规模以上第三产业利润一半以上。房地产业在大兴区第三产业中始终保持主导地位，截至 2009 年 8 月底，全区 198家规模以上房地产企业完成营业收入 33.9 亿元，比上年同期增长 76.8%；增长速度比 1~5 月提高 66.9 个百分点。实现利润总额 4.3 亿元，比上年同期绝对额增加 5.8 亿元，占第三产业利润总额的 51.2%，对第三产业的经济增长贡献最大。主要优势来源于北京市城区人口的圈外扩散效应。随着近年北京房地产价格飞速上涨，作为距离城区最近的郊区，大兴区成为北京市民建房

置业的首选地。因此,大量的商业性房地产以及建筑面积200多万平方米的保障房社区的逐步建成,将进一步刺激大兴区人口的增长和第三产业的发展。

3. 批发零售业发展有望提速

现代物流是大兴区重点发展的产业之一。在大兴区的规模以上商业企业中,零售业经营稳定、整体向好,近年来,规模以上餐饮业实现的利润每年都保持着两位数以上的增长。原因是餐饮业大户带动作用显著,经营业绩不断攀升。随着投资规模达30亿元的世界500强企业宜家落户西红门商业综合区和生产性服务业大厦、火神庙盛业中心建设进展的顺利进行,商业零售业产值收入和利润在未来几年将迅速攀升。大兴区批发业和商业零售业面临巨大的机遇。

4. 文化创意产业具有政策性优势

大兴是首都城市发展新区,处于"连接一轴,横跨两带,关联多中心"的重要战略要冲,是承接区域经济中人流、物流、资金流、信息流等要素的重要节点。现实的和潜在的优势使大兴文化创意产业发展具备了良好前景。文化创意产业也是大兴区重点发展的产业之一。

图4-6为国家新媒体产业基地。

图4-6　国家新媒体产业基地

大兴区现有的文化创意产业主要是以国家新媒体产业基地为依托建立起来的。新媒体产业基地借助"中国北京星光电视节目制作基地"平台优势，能够迅速提升星光影视园产业集聚效应，建设国内最大最强的综艺节目制作中心，进一步增强高端媒体集聚效应。未来几年，大兴区会完成星光卫视使馆区、新媒体大厦建设，完善文化创意产业项目发展平台。目前，新媒体产业基地核心区面积约 304 公顷，北区规划总面积 415.99 公顷，已建成三横四纵的道路网络，区内基础设施标准达到"八通一平"。基地内建有产业孵化器、实训基地、四星酒店、小型展馆、金融保险、中介服务和医疗机构等配套设施。

大兴是北京市规划的文化教育产业区，不但承接了北京特有的文化底蕴，同时还拥有文化创意产业发展的人才、技术、资金和产业基础。星光集团、北京印刷学院、北京大学软件与微电子学院、北京市实用技术学校等一大批龙头企业和知名教育机构，形成了极强的产业基础和产业支撑环境。未来几年，印刷包装产业、影视制作编播、动漫及网络游戏制作、音乐制作、形象设计等文化创意产业在大兴会逐渐形成自己的产业优势。

5. 教育资源较为雄厚

大兴区内驻有较多的教育和科研机构，拥有较为丰富雄厚的教育资源和实力，主要包括北京大学软件与微电子学院、北京印刷学院、北京石油化工学院、北京建筑工程学院、北邮世纪学院、北京城市学院、北京经济技术职业学院等。

6. 旅游业正处于高速发展时期

大兴区具有较为丰富的旅游资源，野生动物园、新城滨河森林公园、采摘旅游区、万亩次生林、南海子湿地郊野公园，以及正在规划中的南中轴森林公园等都为发展旅游产业提供了坚实基础，如图 4-7 所示。

图4-7 大兴旅游区

第三节 大兴区第三产业发展存在的问题和劣势

一、产业发展空间不平衡，城乡差别大，服务的整体功能匮乏

近年来，大兴区逐步形成了黄村镇、西红门镇、兴丰街道等一批第三产业相对聚集的区域，而礼贤镇、长子营镇等一些相对较偏远的镇第三产业的发展相对滞后，呈现出地区间不平衡态势，城乡服务业水平存在明显差距。中心城镇虽然服务业发达，但内在的协同效应、规模效应和自强机制较差，尚难以形成第三产业聚集的格局。

二、产业内部行业发展不均衡

大兴区规模以上第三产业企业法人单位中，批发零售业和房地产业所占份额较大。大兴区第三产业很大部分的主营业务收入来源于这两个行业。而

体现现代科技发展趋势和高附加值的现代服务业，如金融业，信息传输、计算机服务和软件业，居民服务和科技服务业等行业的营业收入偏低、行业规模偏小。因此，第三产业内部的产业结构呈现明显的失衡现象。

三、创意产业有待于进一步发展

文化创意产业主体行业主要分布在第三产业中，目前大兴区文化创意产业发展规模尚显不足，集中体现在文化创意产业的相关层和外围层对产业发展的促进作用还没有充分发挥。全区规模以上文化创意单位涉及领域狭窄，如文化艺术、新闻出版、艺术品交易等领域涉足较浅、规模企业少、总量低。截至 2009 年底，全区规模以上单位列入文化创意产业的企业为 140 多家，其主营收入仅占全区第三产业总收入的 9%。因此文化创意产业要真正成为大兴区的支柱产业还需要一个大力推进、高速发展的过程。

四、服务业企业获利能力虽然不断增强，但总量偏低

小型、分散仍是目前大兴区规模以上服务业企业的基本特征。服务业企业获利能力虽有所增强，但服务业企业营业收入所占比重却偏低，仅占第三产业营业收入的 8.6%，因此，需要有关部门进一步加以正确引导和政策扶持。

第五章

北京市大兴区第三产业发展战略目标与趋势预测

第一节　大兴区经济发展整体情况分析

　　大兴区是北京、天津两大都市的门户及外埠进京的重要通道，它在京津冀和环渤海经济圈中独特的地理位置使其成为首都经济发展与京津冀和环渤海等周边地区与腹地联结的重要枢纽。随着现代交通、通信体系的建立，大兴同北京城区正紧密地连成一体，其经济发展具有政策优势和区位优势。2001~2008年，大兴区地区生产总值已经达到230.5亿元，是2001年的2.8倍多。根据初步统计，2009年大兴区地区生产总值达到271.2亿元，比上年增长17.7%。2005~2009年大兴区地区生产总值及增长情况如图5-1所示，2001~2009年大兴区地区生产总值变化情况如图5-2所示。

　　大兴区经济保持了持续快速增长的势头，经济保持两位数的增长率，其中第二产业和第三产业发展迅速。2001~2008年，第一产业生产总值年均增长速度为4.5%；第二产业生产总值年均增长速度为16.9%；第三产业生产总值年均增长速度为18%，如图5-3所示。第一产业对经济增长的贡献率为3.0%，第二产业贡献率为41.9%，第三产业贡献率为55.0%。与其他区相比，大兴区第一、第二产业对经济增长的贡献率较高，这与大兴区作为北京发展制造业和现代农业的主要载体的功能定位有直接关系。

单位：亿元

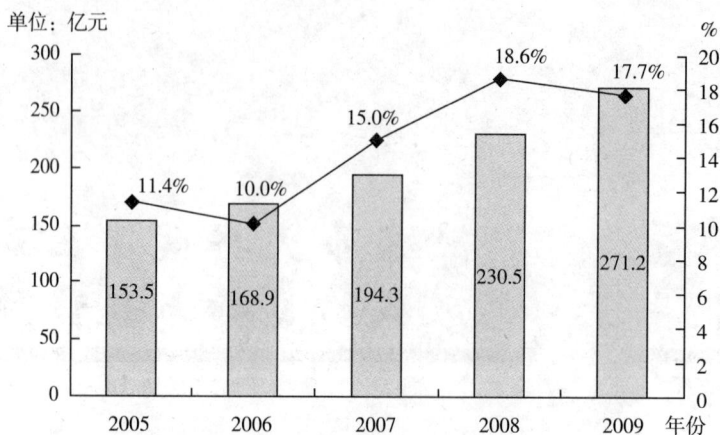

图 5-1   2005~2009 年大兴区地区生产总值及增长情况

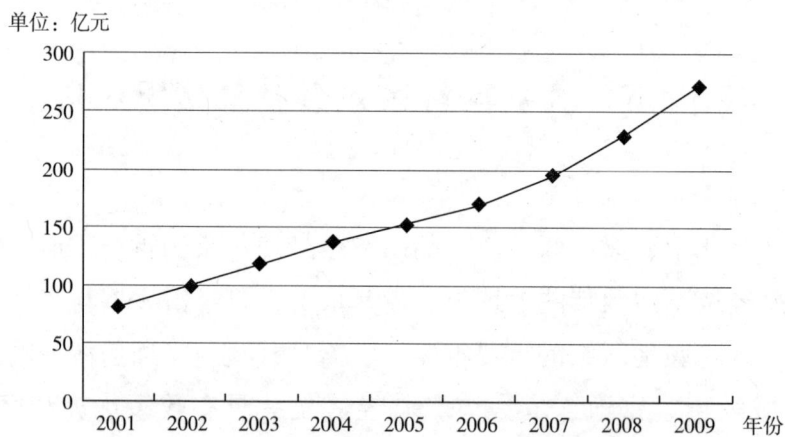

单位：亿元

图 5-2   2001~2009 年大兴区地区生产总值变化情况

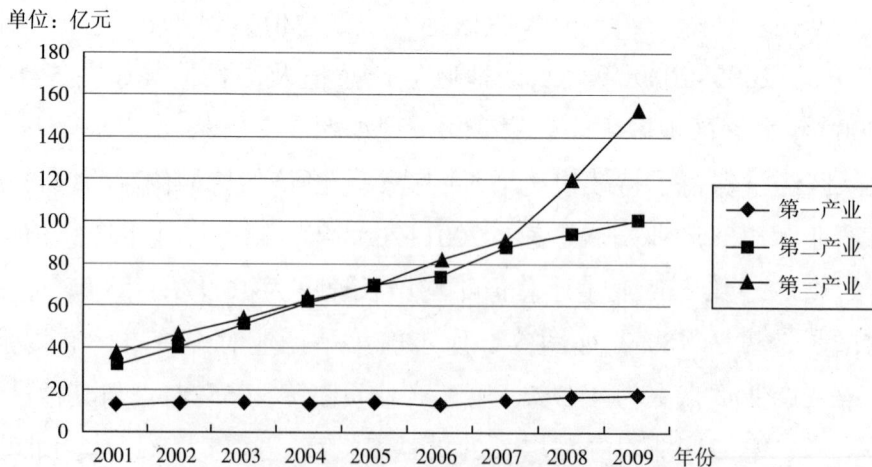

单位：亿元

图 5-3   2001~2009 年大兴区三次产业生产总值变化情况

第二节　大兴区产业结构演变分析

大兴区在经济发展的过程中，经济总量不断增加，但是与此同时，随着收入水平的提高，消费结构也发生了变化。2006 年，大兴区恩格尔系数为33%，医疗保健、交通通信、教育文化和娱乐服务的支出占 36%。由于收入水平的提高和城市化水平的提高促使消费结构转型，这对服务业的发展提出了更高的要求，客观上要求服务业更快地发展，以满足经济和社会发展的需要。大兴区三次产业结构不断调整，2001 年三次产业结构为 15.2∶38.8∶46，2005 年调整为 9.2∶45.4∶45.4，2008 年又调整为 7.3∶40.8∶51.8，经初步核算，2009 年三次产业结构为 6.4∶37.2∶56.4。可见第一产业所占比重下降，第二产业所占比重先增后减，第三产业所占比重上升，第三产业在整个经济中的地位逐渐增强，如图 5-4 所示。但同时可以看出，第二产业所占比重也较大，工业发展对整个大兴经济的繁荣起着至关重要的作用。

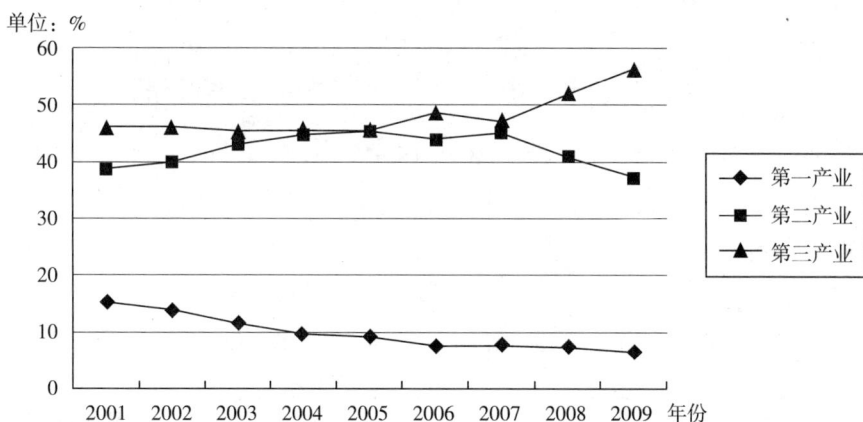

单位：%

图 5-4　2001~2009 年大兴区三次产业结构变化

第三节　大兴区第三产业发展战略目标

大兴区经济建设的总体规划是：围绕建设"北京经济新区、生态宜居新城"的总体发展目标，以壮大做强主导产业和发展做大战略性新兴产业为导向，推进现代制造业、现代服务业、文化创意产业、都市型现代农业四大产业的发展。在东部高端制造业区、北部都市经济区和南部临空经济区三大功能区的基础上，点、线、面结合，充分发挥北京经济技术开发区的带动作用，突出梯次发展、集群化发展、高端化发展、融合发展，推进产业结构调整，加快发展方式转变，为全面实现2020年战略目标打下坚实基础。

目前，北京市委、市政府高度重视城南地区发展。北京市第十次党代会提出，将城南地区发展成为首都最富有活力的地区，建设南部高技术制造业、战略性新兴产业聚集区；在规划的四个万亿产业带中，大兴拥有两个；将加快实施城南行动计划，按照"一轴一带多园区"发展格局，积极推进重点产业园区建设。前所未有的机遇为大兴提供了广阔的发展空间，必将推动其更快地向"北京经济新区、生态宜居新城"的目标迈进。因此，可以大胆设想未来十年大兴区的经济将会以更快的速度发展，地区生产总值的年增长率会突破18%，第三产业增加值的年增长率会突破20%，若按此增长速度粗略估计，到2020年，大兴区地区生产总值预计会突破1600亿元，而第三产业增加值会达到1100亿元以上，如表5-1所示。

表5-1　大兴区2010~2020年经济发展战略目标

单位：亿元

年份	GDP	第三产业 GDP
2010	320.0	183.5
2011	377.6	220.2
2012	445.6	264.2
2013	525.8	317.1
2014	620.4	380.5

续表

年份	GDP	第三产业 GDP
2015	732.1	456.6
2016	863.9	547.9
2017	1019.4	657.4
2018	1202.9	788.9
2019	1419.4	946.7
2020	1674.9	1136.1

第四节　大兴区第三产业发展趋势预测

大兴区经济在"十五"和"十一五"期间保持了比较稳定快速的发展，假定"十二五"期间也按此趋势快速发展，那么我们可以利用 2001~2009 年的地区生产总值数据，采用指数趋势拟合曲线作为预测方程来预测大兴区未来五年的经济发展状况。

经过计算，大兴区地区生产总值的指数趋势拟合曲线为：

$$\hat{y} = 74.72e^{0.1415x}$$

经检验，该拟合方程中回归系数均显著，整体回归方程显著，拟合优度系数为 $R^2 = 0.992$，拟合效果较好，如图 5–5 所示。因此可以采用该方程对大兴区"十二五"期间的地区生产总值进行预测。

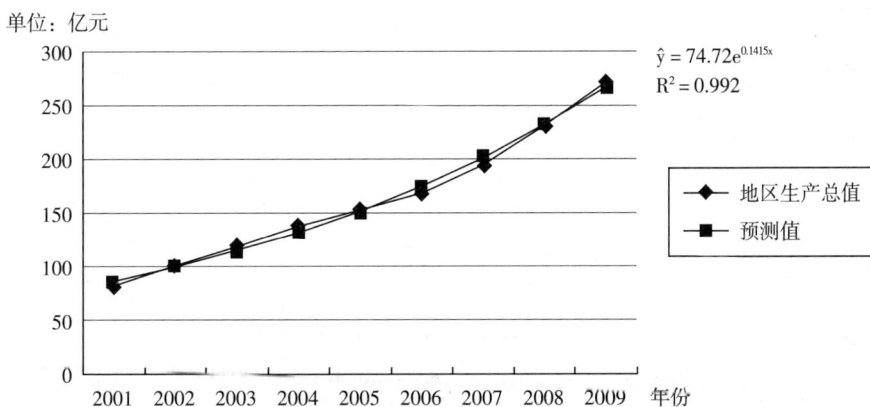

图 5–5　大兴区地区生产总值预测拟合图

同理，可以建立大兴区第三产业 GDP 的指数趋势拟合曲线为：

$$\hat{y} = 32.09e^{0.1633x}$$

经检验，该拟合方程中回归系数均显著，整体回归方程显著，拟合优度系数为 $R^2 = 0.9853$，拟合效果较好，如图 5-6 所示。因此可以采用该方程对大兴区"十二五"期间第三产业增加值进行预测。

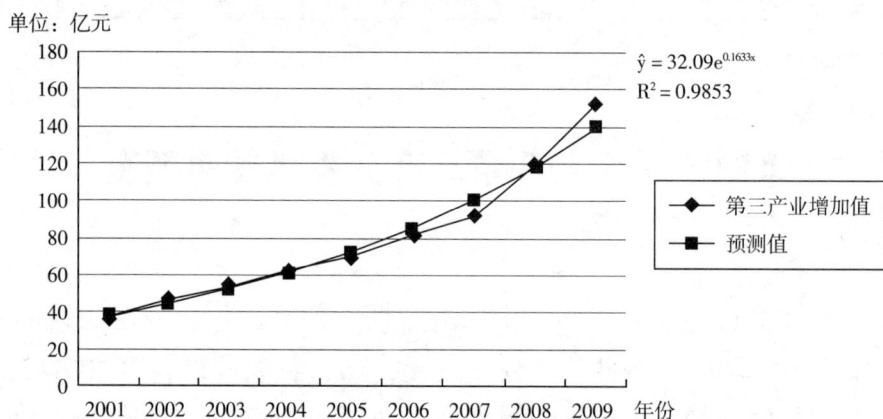

单位：亿元

图 5-6　大兴区第三产业增加值预测拟合图

按照 2001~2009 年大兴区经济发展的总体趋势作预测，到 2015 年，大兴区地区生产总值预计可以达到 624 亿元，第三产业增加值将突破 370 亿元，如表 5-2 所示。地区生产总值平均每年增长 14.15%，第三产业增加值平均每年增长 16.33%，2015 年第三产业增加值预计达到地区生产总值的 60% 左右。

表 5-2　大兴区 2010~2015 年经济发展预测

单位：亿元

年份	GDP	第三产业 GDP
2010	307.58	164.28
2011	354.34	193.42
2012	408.20	227.73
2013	470.24	268.12
2014	541.72	315.68
2015	624.06	371.68

根据近年来大兴区经济发展的整体态势，结合大兴区与亦庄经济开发区行政方面的整合，可以预见大兴区经济发展的各项指标将大幅提高，同样，第三产业也必将得到更快、更好的发展。

第六章　北京市大兴区第三产业发展对策与建议

第一节　大兴区第三产业发展的战略思想与重点

改革开放以来，大兴区第三产业有了很大发展，在一定程度上改变了大兴区产业结构长期失调的状况。但是，全区第三产业总体水平较低、效益差，仍不能适应国民经济和外向型经济发展的需要。因此必须抓住当前的有利时机，加快大兴区第三产业的发展。

本书构想的大兴区第三产业的战略思想是：扩大规模、适度超前，完善体系、循序渐进、协调层次、突出重点、高低推进、城乡有别。重点以服务设施的建设为基础，以服务质量的改善为手段，以服务技术的进步为先导，以服务人才的培养为主力，经过二三十年的发展，逐步形成大兴区完善协调、先进发达、优质高效、开放灵活和文明道德水平较高的第三产业体系，以适应大兴区外向型经济和城郊经济合作发展的需要。

大兴区发展第三产业的这一战略思想的基本内涵如下：

一、在发展规模上，要扩大规模、适度超前

大兴区第三产业近几年虽有较大的发展，但同国内和北京其他一些比较发达和先进的市、区相比，也还有一定差距。今后二三十年，是大兴区国民

经济发展的一个关键时期。加快大兴区第三产业的发展步伐，优化经济结构，使国民经济每隔几年上一个台阶，是大兴区经济发展的迫切需要。伴随着大兴区建设事业的发展，人民生活水平的提高，消费领域的拓宽，科学技术日新月异，农业人口大量转移，等等，对第三产业的发展将提出更高的要求。所以必须下大力气，加快步伐，实现第三产业的超前发展，从而为实现大兴区第二步、第三步战略目标奠定良好的基础。

加快大兴区第三产业的发展，必须扩大发展规模。目前区内第三产业的发展规模相对来说还比较小，仅占国民生产总值的50%，在三次产业结构中的规模位次为"第三产业—第二产业—第一产业"，这表明，大兴经济仍处在工业化的过渡时期，第三产业相对落后。因此，第三产业的发展规模必须扩大。当然，这种扩大规模必须是适度的、有效的规模，而不是脱离实际的规模。因为第三产业产值的增加和就业量的扩大，必须以第一、第二产业劳动生产率的提高为前提，以生产的社会化、专业化和现代化的程度日益提高以及物质财富巨大增长为条件。因此，第三产业的发展规模要与第一、第二产业的发展规模相适应。据此，今后二三十年，全区第三产业的发展规模宜在2009年占国民生产总值比重50%的基础上，力争每年提高一个百分点，到2015年达到55%，2020年达到60%，2030年达到70%，从而逐步接近发达区县的水平。

二、在发展目标上，要完善体系、循序渐进

大兴区第三产业的发展，在目标设定上应该是完整的目标体系。其总体目标，是要建立起区内完善协调、繁荣兴旺、先进发达、优质高效、开放灵活和文明道德的第三产业体系。它包括建立适应社会主义市场经济体制和运行机制要求的社会主义统一市场体系；建立适应生产和生活需要、现在和未来需要的社会化综合服务体系；建立适应社会发展的社会保障体系；建立适应对外开放需要的外向型经济服务体系。其层次、行业结构目标是要建立起结构合理、相互配套、重点突出的综合体系，使第三产业的各个层次和各个行业有机、协调地发展。

第三产业发展目标体系的建立，必须分阶段、分层次有序优化发展、循序渐进。根据大兴区国民经济发展"轻重缓急"的需要，今后一二十年中，大兴区第三产业的发展大体可以分为以下三个阶段：近期（2015 年前）为夯实基础阶段。主要任务是改造提升"传统三产"（交通运输、仓储和邮政业、批发和零售业、住宿和餐饮业等），重点优先发展第一层次，即流通部门，主要是交通、通信、商业等；加快发展第二层次，即生产和生活服务的部门，主要是金融业、保险业、房地产业和旅游业等；重视发展第三层次，适当调整第四层次，以适应国民经济生产发展的要求和人民生活水平提高的需要。中期（2016~2020 年）为扩充阶段。为了增强全区经济的发展实力和后劲，这一阶段第三产业发展的主要任务是扩展、充实、体系化，以培育壮大"现代三产"（连锁经营、物流配送、电子商务等），大力发展"新兴三产"（房地产、旅游、中介服务、信息服务、社区服务等）为主，重点发展第二、第三层次，即继续发展第一层次的流通部门，加快发展第二层次为生产和生活服务的部门，尤其是信息业、咨询业、技术服务业；优先发展第三层次为提高科学文化水平和居民素质服务的部门，尤其是科学技术、教育事业；完善第四层次为社会公共需要服务的部门，从而形成第三产业体系的基本框架。远期（2021~2030 年）为提高阶段。为适应全区国民经济在更高层次上的发展，这一阶段第三产业发展的主要任务是充实体系、提高水平。重点是发展高智能的部门，主要是科学、技术、文化创意、信息和咨询等产业，这将使第三产业成为产业发展的重心和轴心。整个第三产业要在更高层次上获得更加全面的发展，其内部各层次、各行业要优化结构、协调发展，尤其是第三层次要提高水平和充分发挥效益，第四层次要提高素质，实现"小政府、大社会、小机构、大服务"。

三、在发展结构上，要协调层次、突出重点

第三产业是一个有机的整体，各层次、各行业之间互相联系、互相制约，具有关联性。因此必须建立一个结构合理、相互配套、协调发展的第三产业综合体系，使第三产业的各层次、各行业在规模、速度、比例和效益上

相互协调，共同发展。同时，第三产业内部的不同层次、不同行业在国民经济中的地位和作用又各不相同，因此在注意内部各层次、各行业协调发展的同时，必须突出重点。就是说要根据不同时期经济发展的水平和条件，围绕经济发展的需求和优势，突出发展某些重点层次和重点行业。据此，我们认为，今后十年内大兴区第三产业发展的重点如下：

1. 超前发展交通运输、邮电通信、城市基础设施等基础产业

交通运输、邮电通信、城市基础设施等基础产业是保证社会生产和人民生活得以顺利进行的部门，也是发展外向型经济中需要优先发展的基础产业群。

2. 加快发展商业、房地产、旅游业等支柱产业

商业、房地产、旅游业等支柱产业是第三产业的传统行业，必须进一步加快发展，以适应加快外向型经济发展的需要。旅游业、房地产业是近年来发展较快的新兴产业，具有十分广阔的前景，必须加快发展这些新兴产业。

3. 倾斜发展科技、教育、咨询、信息、技术服务业等新兴产业

科技、教育是促进大兴经济走向新的成长阶段的新兴产业，处于战略重点地位。咨询、信息、技术服务业是"头脑产业"，对积聚经济发展后劲有着重大作用。

4. 突出发展与文化创意相关的产业

根据北京市的总体规划和大兴功能定位的特点，着重发展与文化创意密切相关的产业。

四、在发展布局上，要高低推进、城乡有别

在大兴区，不论是城镇还是乡村，发达地区还是不发达地区，虽然前者的发展水平高于后者，但从总体上看，两者的发展都还是很不足的，远远落后于国民经济和社会发展的要求，因而必须全面推进。

近年来，大兴区逐步形成了黄村镇、西红门镇、兴丰街道等一批第三产业相对聚集的区域，而礼贤镇、长子营镇等一些相对较偏远的镇第三产业的发展相对滞后，呈现出地区间不平衡态势，城乡服务业水平存在明显差异。由于各地区经济发展水平不同，产业结构和产业布局各具特点，因而不同地区的第三产业发展也应有所区别，有所侧重。

区内黄村镇、西红门镇、兴丰街道等第三产业基础较好，开放度较大，城市化程度较高，因而应以能充分发挥综合体系和综合社会经济效益的第三产业为重点，建成金融、科技、教育、信息和咨询服务中心，使其能真正发挥经济中心的作用。对传统的第三产业的发展，要打破单位和部门所有格局，提高社会化程度。着重发展多功能综合服务体系，重点发展信息、文化创意、咨询、技术服务、科技、教育、房地产等行业，并加快培育这些新兴行业的市场，以促进生活与科技的结合、生产资本与金融资本的结合，推动国民经济上新台阶。

而大兴其他较偏远的镇经济开放度小，发展水平低，第三产业基础比较落后。因而发展第三产业必须根据实际条件，因地制宜，重点发展为生产和生活服务的行业，发展能充分解决就业问题的第三产业，各地可根据自身的优势，选择一两个关键行业作为突破口，以带动其他产业的发展。例如，在旅游资源丰富的大兴南部乡镇，应以旅游业为突破口，带动和促进交通运输、邮电通信、房地产、商业、餐饮业等的发展；在交通运输比较发达的轨道交通沿线地区，应以交通运输为基础和纽带，带动和促进商业、餐饮业等其他第三产业的发展；在工业发达的地区，如亦庄经济开发区，应积极发展为生产配套服务的第三产业；在农业产粮区，应积极发展为农业产前、产中、产后服务的第三产业，等等。农村第三产业的发展，重点是建立以流通为主要内容的农工贸结合，产前、产中、产后综合配套的服务体系，为农业生产提供各类服务。

五、在发展手段上，要完善硬件、配套软件

大兴区第三产业的大发展，有赖于各种发展手段的综合运用。第三产业

的目标、步骤、重点能否到位，其关键取决于是否具有强有力的实现手段来加以推行、实施和保证。首先必须要有坚实的硬件，即服务的设施、资源、资金、技术和服务人才等硬件，同时，必须要有可靠的软件加以保证，即以提高服务质量、转换服务机制、完善服务政策等作为配套条件。只有硬件与软件同步建设、相互配套才能保证全区第三产业持续、协调地发展。

六、在发展方向上，要提高内涵、开拓外延

大兴区第三产业的发展方向，内涵要着力于提高，使之朝着集聚化、现代化、信息化、多样化的方向发展；外延上要着力于外向拓展，使之朝着国际化方向发展。

1. 集聚化

产业集聚是指由众多独立且又相互关联的企业以及相关支撑机构在一定区域内集聚而形成的产业组织形式。构造第三产业集聚区，就是指构造一个区位条件比较好、可以容纳一定数量的第三产业实体不断聚集的区域。第三产业的聚集是一个动态的发展过程，聚集区将随着时间的推移和企业的集聚而逐步扩大、不断升级。构造聚集区有助于提升第三产业发展的内外部环境，为产业稳定和健康发展创造条件。产业集聚区的区位，应该是现有城市、建制镇和有发展前途的小集镇。考虑到大兴第三产业布局调整的复杂性、长期性和有效性，在战略上应分两步走：以城市聚集为理想区位，以小城镇为聚集的过渡区位，近期以向小城镇集聚为主，中、远期应着重向城市集聚。在这一过程中，定位一批小城镇的主导产业特色，逐步形成布局合理的城市群体，促进大兴区以及周边的企业和农村劳动力不断有效地向理想区位集聚，加快农村城市化和工业化进程。

2. 现代化

目前，大兴区第三产业仍属粗放型，总体水平不高，经济社会效益不甚理想；传统技术多，现代技术手段少；传统的为生活服务的第三产业比重偏

大，为生产和科技发展服务的新兴产业比较少。发展的后劲不足，越往后，增长潜力越小。因而发展有后劲的第三产业的出路在于逐步实现现代化。而要实现第三产业的现代化就必须增加高科技投入，充分运用现代科学技术手段，加快发展高科技、高智能的新兴第三产业，从而提高其总体水平。

3. 信息化

信息是生产力中重要的软要素。目前，大兴区第三产业信息密集度还比较低，开发利用不充分，大量的还是劳动密集型产业。今后必然要朝着信息化方向发展，实现劳动密集型—资金密集型—技术密集型—知识密集型—信息密集型的途径转换升级，从而促进大兴经济走向信息化经济。

4. 多样化

第三产业由单一经营到多样化经营，是其发展方向和趋势，因此，必须鼓励第三产业跨部门、跨行业、跨地区经营，以充分获取多样化经营效益和实现规模经营效益。

5. 国际化

第三产业要朝着国际化方向发展。因为与国际经济活动有关的对外贸易、房地产、文化创意、国际咨询、信息、广告和旅游等行业，必然要与国际市场衔接。因此要鼓励第三产业企业在国外设立分支机构，建立跨国公司，在国际竞争中求发展、求壮大。同时，要扩大对外经营领域和范围，充分利用国外的资金、技术、商品、设备、人才、信息、管理知识和经验来加快自身的发展。

第二节　大兴区第三产业发展对策与建议

我国加入世界贸易组织后，北京市大兴区第三产业面临着全新的国内外环境，如何切实提高第三产业竞争力，是大兴区经济发展所面临的重大课题。针对上述分析中所出现的问题，并参考北京市发展和改革委员会制定的《北京市"十一五"时期服务业发展规划》以及其他研究成果，本节提出提升大兴区第三产业竞争力的对策和途径。

一、加大经济结构调整力度，促进第三产业在行业和地区间的协调发展

1. 优化产业结构

（1）积极培育第三产业的产业集群。一个国家或地区产业的竞争力，集中体现在以集群形态出现的产业上。大兴区第三产业的发展，必须着眼于集群效应的不断提高，否则，其综合效益就无法充分体现。目前大兴区第三产业集群发展的态势已经出现。"十一五"期间，大兴确立了"中部一体、东西两翼、产业集群、城镇组团、生态融合"的发展格局，大兴区新媒体产业基地建设已经被列为国家"火炬计划"和北京市"十一五"规划。建设国家新媒体产业基地，培育文化创意产业区，成为大兴产业发展的重点。主要是汇集文化创意产业发展的文化、技术、人才、资本，发展包括以新媒体、出版印刷、影视编播制作等为主的文化创意产业。国际大都市服务业集群发展的经验表明，完善的外部环境是服务业集群发展的重要依托，包括硬件设施环境和软环境。硬件设施环境，如发达的通信设施、便捷的交通网络、和谐的居住环境，是吸引服务业企业集聚的重要条件；软环境更多体现在政府的管理和服务上，是决定企业集群持续发展的重要保障。因此，北京市以及大兴区政府应积极地对服务业产业集群进行规划指导和政策扶持，制定具有导向型的产业政策、特定的财政补贴和税收优惠政策，有效地引导第三产业集群快速成长。

（2）增强竞争力度，扭转第三产业结构的失衡状态。大兴区第三产业要加速发展，必须在产业结构优化上取得优势，要注重引进先进技术，提升大兴区第三产业的结构和层次，拓展大兴区有优势的第三产业发展空间。按照《北京市"十一五"时期产业发展与空间布局调整规划》的要求，大力发展

高端、高效和高辐射产业。即根据北京市和大兴区第三产业发展的特点，重点发展信息服务业、科技服务业、文化创意产业、房地产业、批零售业这五大行业，在此基础上进一步带动其他行业的发展，合理产业布局，抓紧调整大兴区产业规划，重点系统地研究第三产业发展总体布局和远景目标。确定房地产业、旅游业、金融业、服务业、科教文卫业、批零售业等行业的三产布局，努力提高产业竞争力，积极运用现代经营方式、服务技术和管理手段改造提高传统第三产业，全面提升企业素质、管理水平和经济效益。同时，不断改组和改造传统服务业，加大信息通信技术在传统服务业中的渗透和运用，引用现代经营管理方式，提高其技术水平和经济效益。

（3）大力发展现代服务业，提升其发展潜力。从总体上看，服务业属于吸纳劳动力较多的行业。大力发展现代服务业有利于实现充分就业，提升人们的生活品质和生活水平，加快构建和谐社会。当前大兴区现代服务业所占比例不高，仍有较大的发展潜力。因此，要大力发展具有投资少、消耗低、污染少、效益高等特点的以大旅游产业、大文化产业、金融服务业、商贸与物流业、信息服务与软件业、中介服务业、房地产业、社区服务业为重点的现代服务业。要进一步加快发展速度，增大企业规模，提高运行质量，优化整体结构，特别是要优先发展信息服务业、咨询与中介服务业，发挥其经济增长倍增器的作用。

（4）处理好第三产业与制造业的关系。首先，在进一步明确大兴区城市功能定位的基础上，对不符合全区功能定位的一些工业行业和工业企业，要坚决实施有效退出的各种优惠政策，同时，对那些耗费水资源、高能耗、高污染的工业企业应尽快有效地实施关停并转。其次，随着第三产业与制造业联系日益紧密，第三产业与制造业特别是现代制造业之间的融合趋势不断加强，表现在第三产业加速向现代制造业生产前期研发、设计，中期管理、融资和后期物流、销售、售后服务、信息反馈等全过程渗透；而现代制造业内部逐渐由以制造为中心转向以服务为中心，产业链中生产制造环节越来越少，研发、采购、储存、售后服务等环节所占时间越来越长。对此，应充分发挥大兴区区位、市场、人才和文化资源等方面的优势，依托现有的产业基础，着重促进电子、电器、医药等为代表的现代制造业和以信息、创意设

计、物流为代表的第三产业的融合发展。在促进产业融合的过程中，以延伸重点领域产业链、培育产业集群为切入点，合理布局产业，实现健康、协调与可持续发展。

2. 优化区域发展结构

（1）合理规划第三产业发展的区域布局，制定有效的区域产业政策。大兴区第三产业的发展，应结合各乡镇和地域的资源禀赋和自身特点，发挥相应的优势产业，确立第三产业重点发展区域。近年来，大兴区逐步形成了黄村镇、西红门镇、兴丰街道等一批第三产业相对聚集的区域，而礼贤镇、长子营镇等一些相对较偏远的镇第三产业的发展相对滞后，呈现出地区间不平衡态势，城乡服务业水平存在明显差异。中心城镇虽然服务业发达，但内在的协同效应、规模效应和自强机制较差，尚难以形成第三产业聚集的局面。例如，亦庄经济开发区可利用自身丰富的制造资源和涉外资源，依托北京朝阳CBD，大力发展以信息服务、物流和出版印刷为主体的服务业。另外，应重点规划好大兴黄村镇地区的现代教育业发展布局，这是因为黄村镇距离市中心区域较近，而且该区域现有四家较大规模的高等院校和科研机构，区域整合发展潜力较为明显。今后，政府应积极引导现代教育培训业逐步向黄村镇区域扩展，推动区域产业结构的合理化。

（2）大力推进卫星城、小城镇和农村的第三产业发展。在有效做好整体规划和基础设施建设的基础上，充分利用当地自然资源和生态环境的优势，优先发展房地产业、环境管理业和旅游业等行业。大力发展大兴区旅游业，完善现有旅游景点，如团河行宫、麋鹿苑、北普陀影视园、半壁店森林公园、万亩古桑园、北京野生动物园、万亩梨花庄园等的规划和宣传，使大兴区的经济社会与自然环境协调发展。但是现有旅游业的开发投入和力度远远不够，将来应该结合文化和地域景点打造特色旅游产业。同时，大力发展信息传输业、教育培训业和文化卫生业，与市区相比，大兴在这三大行业方面发展明显落后，但是其市场需求的潜力和发展前景是巨大的，尤其是农村的教育培训业，是农民提高素质、从事现代服务业的根本保障，亟待快速发展。

二、明确文化创意产业特色发展方向，推进聚集区建设

大兴区应该在未来五年中，按照整体规划、分步实施、整合资源、协调发展的思路，整合区内现有资源，重点建设国家新媒体产业基地，形成"一区、三园、三中心"的发展格局。主要体现在以下几方面：

"一区"指建立一个核心区，这个核心区位于大兴区魏善庄镇，计划把其建设成综合性新媒体产业基地，一期主要包括培训中心、创业与制作中心、配套服务中心、网络交易平台、协同设计平台；二期主要包括制作区、创意区、生活区、商务区。

该核心区地处北京市南中轴路延长线，积淀了丰富的文化底蕴，传承和结合了奥运文化、历史文化、现代文化，与首都功能核心区连成一个有机文化整体，而且有良好的区位优势和交通优势。周边人文资源丰富，自然环境优美，为新媒体产业提供了文化素材、创意空间和发展空间。

"三园"包括星光影视园、北普陀影视园和大森林影视园。"三园"能充分利用影视灯光设备科技含量高、影视制作人才聚集、市场稳定、生态资源丰富等优势，相互依托形成一个集影视拍摄、制作、编辑于一体的综合性基地，能够聚集一批影视道具、影视服装制作等与影视节目制作相关的行业。同时，利用大兴区区位环境优势，还将衍生出旅游、展览、体验、培训等其他功能，形成一个集影视制作和配套服务于一体的园区。

"三个中心"指动漫创作人才培训中心、软件制作中心、艺术人才培训中心。三中心三位一体，结合首都丰厚的历史文化底蕴，培养数字艺术原创设计的高端研发人才，动漫动画制作的高水平、应用性技术人才，品牌推广、市场营销的管理人才，形成集原始创意、实践制作、品牌推广于一体的人才培育体系，为新媒体产业发展提供人才支撑。

大兴区文化创意产业的快速发展不仅需要营造有利于吸引创意人才集聚的基础设施和服务平台，更要着力塑造文化创意产业集聚区的产业链环节，建立起特色产业集聚区的竞争优势。同时，也要通过政府引导和社会投资加强集聚区建设，打造特色产业集聚区的企业品牌和区域品牌，增加产业集聚

区的国内地位和国际影响力。具体来说，可以从以下四方面推进文化创意产业集聚区的发展：

1. 以版权贸易为主线培育特色产业链条

版权贸易属于创意产业的末端环节，也是文化创意产业价值链的关键环节。全球化背景下的版权贸易可能引发行业调整和重塑。大兴区在发展文化创意产业过程中，要注意吸收其他兄弟区县建设经验，发挥产业间的关联效应，在创意产品的研发商、生产商、发行商、销售商以及其他服务主体间建立起紧密联系，形成核心层、协作层、外围层环环相扣的关联关系，优化创意人才、内容提供、生产制作、专业销售、版权转让与创意衍生环节的循环系统，发挥出产业集群所带来的集聚和扩散效应，拓展特色创意产业价值链环节，强调牢牢抓住创意产品研发和版权贸易与销售两个高附加值环节，提升区内文化创意产业发展水平。

2. 以创意为载体形成集聚区融洽的创意环境和氛围

创意产品来源于创意者的灵感、想象、知识、技术和经验，文化创意产业本身就是一个知识密集型的产业，文化创意产业集聚区是新创意和新知识创造的理想场所。大兴区发展文化创意产业，要通过构建创意街、产业基地和专业园区等各具特色、功能不同的多种形式的产业载体为创意人才和企业主体提供完善的工作和生活环境，着力培育产业集聚区内的自由、开放的创作氛围，为集聚区主体间的灵感创造和知识交流提供条件，从而使国家新媒体产业基地等集聚区真正成为创意企业和创意人才的聚集地。

3. 以美誉度为核心打造文化创意企业和创意产业集聚区品牌

文化创意产业集聚区整体品牌是集聚发展到成熟阶段的必然产物，是集聚区内利益相关者长期合力经营、积淀而成的集群无形资产，是提升文化创意产业集聚区竞争力的重要途径，也是促进创意产业集聚区升级和持续发展的重要保证。文化创意企业品牌是集聚区整体品牌的基础，两者相辅相成、相得益彰。大兴发展文化创意产业集聚区，要加大引进高美誉度的高端名牌

创意企业，鼓励本地名牌创意企业的发展，对外统一产业集聚区整体品牌，形成声誉高的"核心+节点"模式的创意产业集聚区品牌形象，促进文化创意产业的大跨步发展。

4. 以政府与市场力量融合为主导推动特色产业集聚区建设

集聚区是文化创意产业发展的重要空间载体。大兴区在发展集聚区时，除了发挥政府规划引导优势以外，更应以市场机制为导向，重视创意企业需求。利用市场机制，积极引进有丰富园区经验的文化创意龙头企业，带动中小企业进入集聚区，形成产业发展生态链。要鼓励本地企业之间、本地企业与外地企业或外资间的并购重组，培育十亿级、百亿元级文化产业集团。将产业相似和联动性强、位置相近的文化创意产业整合，逐步打造大型文化创意功能区，并培育具有较大影响力的文化创意聚集区。同时，发展文化创意产业集聚区要加强聚集区公共服务平台建设，构筑市场化的资源共享模式，为集聚区企业和机构提供技术支持、资讯服务、决策辅助等各种服务，形成结构合理、分工明确、功能互补的专业服务网络。

三、进行制度创新，消除第三产业发展的体制性障碍

1. 放宽市场准入

按照加入世界贸易组织的承诺，打破大兴区服务业中普遍存在的行业垄断和所有制垄断，消除市场壁垒，引进竞争机制，按市场主体资质和服务标准，有序推进服务业的企业化、产业化和社会化进程，逐渐形成公开透明、管理规范、标准统一的市场准入制度。

加快全区垄断行业管理体制改革，推进服务行业的资源配置以由政府为主向以市场为主的转变，放宽准入领域，降低准入条件，允许民间资本和外资更多参与到服务业的发展中来。认真落实新公司法在注册资金、出资形式等方面的规定，吸引社会资本投资服务业。凡是法律法规没有明令禁入的服务业领域，全部向社会资本开放；凡是向外资并放的领域，全部向民间资本

开放。

打破所有制垄断，放手发展集体、私营、个体等非国有经济，加快服务业国有经济布局的战略性调整，支持国有经济有进有退的发展战略，鼓励国有经济与非国有经济的有效融合，从而形成国有经济与非国有经济共同发展的格局。

进一步加快社会化建设，加强和完善现代服务业的社会化服务水平。推进后勤服务、配套服务由以内部自我服务为主向以社会服务为主的转变。企事业单位及有条件的政府机构，其后勤服务设施都要面向社会开放，营利性的后勤服务机构都要改制为独立法人企业，鼓励各种所有制经济兴办面向政府机构和企事业单位的后勤服务。

2. 改变政府机构"条块分割"的管理模式，建立统一高效的领导体制

目前大兴区对第三产业的领导管理体制，仍然在很大程度上受到传统计划经济体制的影响。主要表现在按专业分工只设置纵向领导的职能机构，各职能机构之间又缺乏必要的横向联系和沟通，以致产生了各自为政、手续烦琐、效率低下等问题。因此，要推进大兴区第三产业的快速协调发展应按照行业归口管理和强化市场监管的原则，确立统一行业归口管理的主管部门和协调机制，并用法规和制度明确下来。同时，应强化市场中介组织的作用，在第三产业中广泛建立行业协会，加强行业自律以及与政府管理机构的沟通，切实提高市场监管的效率。

四、实施品牌战略和集约战略，培育有国际竞争力的服务企业

1. 实施品牌战略

服务产品与一般产品最大的差别在于它是一种无形产品，生产过程与消费过程是同时进行的，服务企业提供服务产品的过程同时就是消费者对服务产品进行消费的过程，通常情况下服务业的生产和消费需要保持时空上的一致性。这一特性决定了服务产品与一般产品在生产、销售和企业生存方式等

方面存在很大差别，服务企业要突破产销的时空限制，靠的主要是品牌和信誉。因此，努力打造具有自主知识产权的自身知名品牌对第三产业中的服务企业来说尤为重要。对政府来说，应大力推行名牌服务战略，推动服务品牌建设，形成培育、发展、宣传和保护名牌的氛围，积极培育区域品牌、产业品牌、企业品牌和服务品牌，积极开展优秀服务业企业家、优秀服务人才等创优评选活动。

2. 实施集约战略

某一产业的竞争力最终需要通过该产业中企业的竞争力体现出来，如果存在很多规模大、技术先进、竞争力强的企业，那么该产业也就具有了很强的竞争力。所以，提高第三产业的国际竞争力，归根结底是提高服务企业的国际竞争力。大兴区要改变第三产业服务业企业规模小、效益差的现状，一方面，应通过建立多元化的产权结构体系和融资体系对企业进行整合、重组，促使资源向优势企业集中，优化资源配置；另一方面，应积极实行各项财政、金融和科技政策，鼓励资产质量优、管理水平高、经济效益好的大型服务企业，利用市场手段外引内联，实现资产的优化组合和投资主体多元化，形成产权明晰、品牌优势明显、产业链较长、具有较强市场竞争能力和辐射能力的龙头企业。到"十二五"末，力争形成一批国内著名、国际上具有较强影响力的大型现代服务企业集团。

3. 搞活中小企业

大兴区政府要鼓励经营方式灵活、服务品种多样、有发展潜力的中小企业的发展，为其提供信息咨询、市场开拓、投资融资、税收减免、技术支持等方面的政策扶持和服务，引导第三产业中的中小型服务企业向"专、精、特、新"的方向发展。具体包括：加强创业辅导基地和创业服务中心建设，为中小企业提供技术指导和信息咨询等服务；充分利用中小企业发展专项资金等相关政策；支持中小服务企业承接大企业的服务外包；加强中小企业融资服务平台建设，支持有条件的中小企业利用资本市场融资，构建中小企业社会化投融资体系。

五、健全法律法规和各项政策体系，营造良好环境

1. 完善法律法规体系，严格依法办事

北京市及大兴区政府应根据实际需要，对现有的经济法规进行修订、完善和补充，使之与国际规则和国家法律相接轨。

（1）完善行业规范和服务标准。当前，在大兴区第三产业的发展过程中，缺乏成熟的行业规范和服务标准，企业的竞争和价格行为比较混乱。为此，规范市场秩序强化服务业的规范服务和诚信服务意识刻不容缓。有关部门应尽快出台反垄断法规和保护消费者权益的法规，制定服务业的资格认证制度，强化行业自律和外部监管，以维护良好的市场竞争秩序。例如，在金融、证券、保险等行业中制定保护投资人合法权益的监管办法等；尽快制定现代服务业的服务质量标准体系，推进现代服务业标准化工作。对能够进行标准化的服务行业，积极引进、参照国际标准，制定国家行业标准；对不能进行标准化的服务行业，要以服务对象为中心，以提高服务满意度为原则，广泛推行服务承诺、服务公约、服务规范等制度，提高服务质量。重点加强对现代物流、旅游会展、信息服务、房地产等行业的服务标准和服务规范体系建设。

（2）加强知识产权保护和信用体系建设，为现代服务业发展提供制度环境。加大自主知识产权保护力度，严厉打击侵权行为，创新保护机制，为企业开发具有自主知识产权的服务产品提供保障。充分发挥政府推动和引导作用，有重点、有步骤地推进社会信用体系建设，形成以政府诚信为表率、以企业信用和个人信用建设为重点、以培育市场化运作的现代信用服务中介机构为支撑的社会信用体系。规划全区信用信息资源的开发和利用，升级改造企业信用信息系统，加快推进个人信用体系建设。支持信用服务中介机构的建设，大力开展联合征信与增值服务，促进信用市场的形成和发展。建立失信惩戒制度，加强全社会诚信教育和宣传工作，营造社会诚信环境。建立健全有利于科技创新和科技成果推广应用的体制和激励机制，加快技术进

步，提高服务业效率和竞争力。

2.加强政策引导和扶持，提高政府服务质量

（1）有效落实各项政策，充分发挥其导向作用。大兴区应该针对文化创意产业、批发零售业和房地产业等关键产业领域制定专项促进规划，以提高产业竞争力为目标，对关键产业的发展力求实现重点突破。综合利用产业政策及规划、财税、信贷、土地等手段对重点发展的行业进行扶持。将政策扶持与统筹协调全区重点行业、重点区域和重大项目建设结合起来，积极引导文化创意、信息服务、科技服务等行业向黄村镇等重点功能区集聚；鼓励物流、商务服务和房地产等行业向新城和重点产业带集聚；完善已出台的行业扶持政策，明确具体适用范围和实施细则；优先安排土地供应，支持第三产业重点功能区和集聚区的发展，支持具有显著的行业带动和经济拉动作用的服务业项目建设；全力打造重点服务业功能，分层次、分阶段、高质量、高标准地推进国家新媒体产业基地等重点服务业功能区的建设；借助海外人才工作站，加大人才引进力度；积极扶持各种产业协会组织的发展，大力促进有创新能力的企业和产、学、研合作企业联盟。

（2）着重提高第三产业的研究和基础设施投入。受我国服务业长期落后的影响，北京市，尤其是大兴区第三产业的科技研发投入一直较低，与其他发达国家和地区相比，差距较大，这严重影响了北京市及大兴区第三产业竞争力的进一步提高。因此，无论政府或企业都应充分认识到科技研发能力和科技转化能力对竞争力提高的重要性，政府应向基础性科研领域提供更加充足的研究经费，加大科技成果向市场的转化；企业应加强自身的自主研发能力，并不断通过新技术的广泛应用提高创新能力，从而赢得更大的市场占有率。另外，服务业基础设施的落后也是目前亟待解决的问题，基础设施主要包括信息技术设施和通信系统，良好的基础设施能够提高服务贸易的速度与效率，为服务企业的良好服务奠定坚实的基础。

（3）加大投融资支持力度。广泛吸引社会资金，建立多渠道、多层次的第三产业投资体系。进一步加强服务企业与商业银行的沟通合作，积极争取信贷支持；利用财政专项资金，对需要扶持的重点区域、重点行业和重点项

目给予贴息；积极创造条件，支持大兴区服务业企业在境内外上市融资。

六、依靠科技进步，加快人才培养

1. 依靠科技创新，提高第三产业的技术水平

服务业越来越呈现出技术化、国际化、标准化的趋势，政府和企业要加大科技在服务业中的渗透和应用，优先发展技术含量高、关联性大的服务业，积极运用现代经营方式、服务技术和流动组织管理手段，全面提升企业素质、管理水平和经济效益。深化科技体制改革，形成符合第三产业技术进步要求的新机制，有效整合北京市和大兴区内的科技资源，促进科技成果在服务领域的广泛应用。借助于北京市实施以信息基础设施建设、信息资源开发和利用、信息技术推广和使用为重点的"数字北京"工程，推进区内社区信息化、教育和医疗信息化等的发展，使大兴区第三产业信息化水平再上新台阶。

2. 大力培养和引进专业人才，提高从业人员素质

提高人力资本含量的投入，是提高现代服务业生产率水平的基本途径。人才的培养重点要转向服务业，要努力提高金融、法律、文化创意、信息服务等高层次人才的比重，造就一大批高素质的应用型人才。要不断增加人力资本投资，积极培养复合型、国际型的服务业人才，特别是紧缺人才，全面提高劳动者素质。有计划地在现有高等学校和中等职业学校增设服务业紧缺的专业，增加紧缺专业招生规模，建立多渠道竞争的人才培养机制；加强岗位职业培训，全面推进现代服务行业职业资格认证制度，提高行业员工队伍的专业水平和整体素质；应积极利用各种途径引进高素质人才，并通过提高薪资福利和提供更好的工作环境和发展机会改善人力资源状况，为第三产业发展打下良好的基础。

七、继续扩大对外开放，坚持"引进来"与"走出去"相结合

1. 有效利用外资，借鉴国外经验

北京市应借助于我国加入世界贸易组织后服务业对外开放的有利时机，扩大利用外资的规模和质量，以推进北京以及大兴区服务业的发展。政府应转变职能，切实改善利用外资的环境。凡符合国家法律法规的服务业项目，北京市政府都应允许外国资金进入和经营，并应根据实际需要，放宽对外资市场准入和持股比例的限制；强化对现代服务业的监管，维护好发展现代服务业的市场竞争秩序。

大兴区应积极借鉴国际先进的技术和管理模式。例如，产业集群是产业竞争力形成和提高的重要因素，美国的曼哈顿街区、英国伦敦的金融区等都是服务业产业集群发展的典范，大兴区可以充分借鉴其发展和管理的经验，形成具备自身特色的现代服务业产业聚集区。

2. 鼓励企业实施"走出去"战略

大兴区第三产业在"引进来"的同时，还应鼓励和支持有条件的企业"走出去"，通过培育一批有竞争力和自主知识产权的大型企业集团，如希玛保龄、星牌体育、星光影视集团、派克兰蒂等，鼓励它们到国内外其他地区进行投资，拓展市场业务，主动参与国际分工，在全球经济一体化过程中争取更多的利益。政府应加强对实施"走出去"战略的政策指导，做好境外投资的总体规划，明确发展目标和重点，要定期选定和公布鼓励海外投资的行业，为企业提供相应的服务和保障。实施"走出去"战略的主体是企业，为此，企业要充分利用和保护自身的品牌和其他无形资产，认真做好相应的知识储备和人才准备，全面熟悉和把握国际惯例以及东道国的法律政策。如果盲目地走出去，结果必然失败。

附　录

附录一　《北京市国民经济和社会发展第十二个五年规划纲要》（摘录）

序　言

跨入新世纪的第二个十年，我们仍处于可以大有作为的重要战略机遇期。经历了国际金融危机洗礼的全球经济正在发生深刻变化，国内处于全面建设小康社会的关键时期和深化改革开放、加快转变经济发展方式的攻坚时期，首都北京在成功实现"新北京、新奥运"战略构想之后，开始步入新的发展阶段，面临难得的历史机遇，也面对风险挑战，制定科学的战略安排对首都立足新的阶段变化、向更高发展水平迈进至关重要。

《北京市国民经济和社会发展第十二个五年规划纲要》是首都着眼建设中国特色世界城市、全面实施人文北京、科技北京、绿色北京战略的五年规划，是首都深入推进经济发展方式加快转变、在新的起点上开创科学发展新局面的重要规划。本规划主要阐明市委市政府的战略意图，明确"十二五"期间首都发展的战略目标、重点任务和发展路径，是全市人民共同奋斗的行动纲领。

本规划编制的主要依据是：《中共中央关于制定国民经济和社会发展第十二个五年规划的建议》，《中共北京市委关于制定北京市国民经济和社会发展

第十二个五年规划的建议》，国务院对《北京城市总体规划（2004~2020年）》的批复。

第一篇　新时期的战略选择

第一章　过去五年的发展成果

"十一五"时期是北京发展史上极不平凡的五年。在党中央、国务院的坚强领导下，全市上下深入学习实践科学发展观，振奋精神、顽强拼搏、克服重重困难，成功举办了一届无与伦比的奥运盛会，圆满完成了新中国成立60周年庆祝活动筹办任务，积极应对了国际金融危机冲击，有力推动了全市的科学发展，"十一五"规划确定的主要目标任务圆满完成。过去五年是首都经济社会发展质量最高、综合实力提升最快、城乡面貌变化最大、人民得到实惠最多的时期之一。

首都经济实现重大跨越。全市地区生产总值年均增长11.4%，总量达到13777.9亿元，人均超过1万美元。经济发展高端化格局初步形成，中关村国家自主创新示范区加快建设，六大高端产业功能区初具规模，首都经济特征进一步显现，第三产业比重达到75%。经济增长的质量和效益显著提高，地方财政一般预算收入增加1.7倍，节能减排走在全国前列。

社会民生得到显著改善。基本公共服务均等化取得明显成效，基层社区和农村的公共服务能力显著提升。实施"五无"目标管理，实现城乡就业服务和社会保障制度全覆盖，城镇登记失业率为1.37%，社会保障待遇标准大幅提高。城镇居民人均可支配收入年均实际增长9.2%，农村居民人均纯收入年均实际增长9%。创新了社会管理与服务，探索了村庄社区化管理新模式。

城市服务功能明显提升。城市基础设施实现跨越式发展。轨道交通运营里程由114公里增加到336公里，公交出行比例达到40%，区区通高速目标提前实现。水、电、气、热等资源能源供应保障和信息基础设施支撑能力显著提升。空气质量显著好转，二级及好于二级天数的比例从64%提高到

78.4%。以绿化隔离带、郊野公园、森林公园为代表的大面积、集中式绿化效果显著。城乡环境更加干净整洁。社会治安持续稳定，安全生产形势持续好转。城市应急管理水平明显提高。

城乡区域发展趋向协调。实施区县功能定位，城市四类功能区差异化、特色化发展格局初步形成。城乡结合部、城市南部和西部等薄弱地区发展加快，重点新城和小城镇建设扎实起步，发展条件明显改善。新农村建设成效显著，各项惠农强农政策全面落实，农民安全饮水问题全面解决，公路、公交和广播电视实现"村村通"。

改革开放取得新的突破。完成市区两级政府机构改革，调整了首都功能核心区行政区划，整合了大兴区与北京经济技术开发区行政资源。行政审批制度改革迈出重要步伐。社会管理体制、财政体制、国有经济、医药卫生、科技教育、价格等重点领域改革取得重要进展。新增国际友好城市12个，一批重大国际会议、会展活动和体育赛事成功举办。跨国公司地区总部累计达到82家，利用外资和对外贸易加快发展。年入境旅游者超过490万人次。

百年奥运梦想圆满实现。成功举办了一届有特色、高水平的奥运会、残奥会，赢得了国际社会高度赞誉，城市国际形象和国际影响力显著提升。奥运筹办有力带动了首都经济社会发展、城市文明进步和服务功能提升。奥运场馆设施为古都北京增添了新的魅力元素，奥运标准提高了首都与国际的接轨水平，奥运经验促进城市运行管理走向成熟，奥运精神成为激励全市人民奋发前进的强大动力。无与伦比的奥运盛会，在首都发展史上留下了浓墨重彩的一笔，对首都发展产生了巨大而深远的影响。

"十一五"规划的圆满完成，"新北京、新奥运"战略构想的全面实现，标志着首都发展进入了新的历史阶段。过去五年的发展不仅创造了巨大的物质财富，更留下了宝贵的精神财富，特别是"人文、科技、绿色"理念上升为城市发展战略，确立了建设中国特色世界城市的宏伟目标，推动北京向更高价值目标和更高发展水平迈进。

第二章　未来五年的发展环境

新世纪的第一个十年已经过去，我们迎来了重要战略机遇期的第二个十

年。国际金融危机引发世界政治经济格局出现新变化，但和平、发展、合作仍是时代潮流。国内经济结构面临深刻调整，加快转变经济发展方式成为实现科学发展的必然选择。进入新时期的北京，在发展水平实现跨越之后，面临新的发展环境和要求。

一、新趋势新要求

"十二五"时期，是首都在新的起点上全面建设小康社会的关键时期，是深化改革开放、深入推进经济发展方式加快转变的攻坚时期，全市发展呈现新的阶段性特征和要求。

开放竞争格局深刻调整的新阶段。当今世界正在发生深刻变化，经济全球化深入发展，科技创新孕育新的突破，国际市场分化组合，特大城市在全球网络中扮演着日益重要的角色。作为国家首都的北京，伴随着发展阶段的变化，需要以更宽阔的视野审视发展，以世界城市为坐标系定位发展，在更高层次上参与全球分工。

经济发展方式深度转变的新阶段。国内外产业变革和调整加快进行，资源环境压力正在转化为科技创新的强大动力。首都经济在服务业主导格局总体确立、消费拉动作用日益突出之后，面临着发展动力转换、产业结构深度调整和升级的任务。需要更加注重高端引领、创新驱动、绿色发展，走技术含量高、经济效益好、资源消耗低、环境污染少、人力资源优势得到充分发挥的科学发展道路。

城市布局和形态走向完善的新阶段。国家区域发展总体战略深入实施，城市群加快形成，对核心城市发展提出了更高要求。北京城市发展战略布局总体架构已经确立，开始进入调整完善的关键阶段。推动城市发展逐步走向成熟，需要更加注重总结把握特大型城市在建设、发展、布局、管理上的规律，立足更大空间范围塑造城市，持续推进城镇体系和功能布局完善，促进均衡协调发展，增强对自身发展的战略支撑和对区域的辐射带动。

社会加速转型的新阶段。发展水平持续提升，推动多层次社会需求不断涌现，促使社会结构和形态深刻变化，不同社会群体的价值取向和利益诉求更趋多元。顺应人民过上更好生活的新期待，需要把保障和改善民生摆在更突出位置，整体提升社会福祉，更加重视社会管理方式创新和公共政策协调

适应，促进不同群体利益的均衡与协调，更好地引导社会和谐。

竞争力拓展提升的新阶段。发展的竞争不仅表现为硬实力的竞争，还表现为软实力的竞争。伴随全球化、信息化的深入发展，软实力竞争已经成为城市竞争力的核心要素。需要把推动文化发展、提升城市管理作为城市发展的重要战略，充分发挥文化引导社会、教育人民、推动发展的功能，把握特大型城市运行管理的规律，以文化、管理等软实力的提升促进城市竞争力新的提升。

改革攻坚突破的新阶段。发展环境和发展阶段的深刻变化，对深化改革提出了更为迫切的要求，深层次利益调整使改革面临更为复杂的抉择。需要以更大决心和勇气，全面推进各领域改革，更加重视顶层设计和总体规划，更加重视制度创新和策略选择，为科学发展提供有力保障。

二、新机遇新挑战

未来五年首都发展仍然处于可以大有作为的重要战略机遇期，面临着新的发展机遇和一系列有利条件。国家综合国力和首都城市影响力整体提升，使国际社会更加关注中国、关注北京，为我们寻求多方面、多层次合作提供了重要机遇。首都服务功能拓展提升和潜力释放，全国政治中心、文化中心、国际交往中心和正在形成的国家创新中心的功能显著增强，为我们在更高层次上参与全球分工、实现更高水平发展提供了新的契机。人文北京、科技北京、绿色北京发展战略和中国特色世界城市长远目标得到确立，成为全市上下凝心聚力、持久推进首都科学发展的强大动力。城市化快速推进和消费结构加快升级，在有效带动发展的同时，不断推动供给升级，为我们优化经济结构、深入推进经济发展方式加快转变创造了新的条件。城市发展空间格局优化和新发展区域崛起，推动新的增长极加快形成，为长期平稳较快发展注入新的活力。区域城市群的蓬勃兴起和共同发展，有利于在更大范围配置资源，拓展腹地发展，为增强首都经济的辐射带动能力形成了新的支撑。

与此同时，国际国内经济形势更趋复杂多变，外部环境不确定性因素增多，需要我们增强忧患意识，冷静观察、沉着应对，并集中力量解决好制约和影响首都科学发展的不平衡、不协调、不可持续问题：人口资源环境矛盾更加突出，尤其是城市人口规模过快增长给资源平衡、环境承载、公共服务

和城市管理带来严峻挑战。特大型城市建设和运行管理的压力更加凸显，交通拥堵、垃圾治理等困扰人们生活的问题日益突出，保障城市常态安全运行和应急协调面临更大考验。国内外多层面竞争更加激烈，世界范围内对经济、科技制高点，以及国内地区间对高端要素和产业资源的竞争日益加剧，深入调整结构、实现创新驱动发展需要付出更大努力。社会结构变化更加复杂，教育、医疗、健康、住房、社会保障、收入分配和人口老龄化等问题日益成为社会关注的焦点，多元利益诉求协调难度加大，社会管理工作亟待加强。城乡区域协调发展的要求更加迫切，改变薄弱地区发展状况，逐步缩小城乡差距，仍需付出艰苦努力。能够充分释放发展活力的改革攻坚任务更加艰巨。

总之，"十二五"时期首都发展的机遇与挑战并存，机遇大于挑战。必须牢固树立紧抓机遇、加快发展的意识，深刻把握发展趋势和规律，充分利用一切有利条件，积极解决突出矛盾和问题，争创发展的新优势，在新的起点上推动首都的科学发展。

第三章　未来五年的发展目标

一、指导思想

"十二五"时期是推动首都科学发展的关键时期。我们要认真贯彻落实党的十七届五中全会精神，牢牢把握科学发展这个主题，更加注重以人为本，更加注重全面协调可持续发展，更加注重统筹兼顾，更加注重保障和改善民生，使首都的发展与城市性质和功能相协调；牢牢把握加快转变经济发展方式这条主线，坚持以经济结构战略性调整为主攻方向，坚持以科技进步和创新为重要支撑，坚持以保障和改善民生为根本出发点和落脚点，坚持以建设资源节约型、环境友好型社会为重要着力点，坚持以改革开放为强大动力，使首都的发展与人口资源环境的承载能力相适应；牢牢把握可以大有作为的重要战略机遇期，认真落实国务院批复的北京城市总体规划提出的"以建设世界城市为努力目标，不断提高北京在世界城市体系中的地位和作用"的要求，大力弘扬北京奥运精神，以更高的标准推动首都的科学发展。

全市发展的指导思想是：高举中国特色社会主义伟大旗帜，以邓小平理

论和"三个代表"重要思想为指导，深入贯彻落实科学发展观，认真贯彻中央对北京市工作的一系列重要指示精神，以科学发展为主题，以加快转变经济发展方式为主线，顺应人民群众过上更好生活新期待，深化改革开放，全力推动人文北京、科技北京、绿色北京战略，进一步提高"四个服务"水平，努力打造国际活动聚集之都、世界高端企业总部聚集之都、世界高端人才聚集之都、中国特色社会主义先进文化之都、和谐宜居之都，推动北京向中国特色世界城市迈出坚实的步伐。

在发展中要切实注重以下五个方面：

——强化创新驱动。坚持高端引领、创新驱动、绿色发展，不断创新发展理念、发展模式，把推动发展的动力加快转移到更多依靠科技进步、劳动者素质提高和管理创新上来。加强创新能力建设，提升自主创新水平，增强经济长期竞争力。深入推进节能减排，提升生态文明水平，走绿色低碳、生态友好发展之路。更加注重扩大内需，特别是增强消费拉动作用，持续推进产业优化升级，增强经济发展的协调性、稳定性和可持续性。

——增强服务功能。把不断完善和提升首都服务功能作为发展的主要着力点，走增强服务功能与发展服务产业有机融合之路，在服务区域和国家发展的过程中，实现自身的新发展和服务的新提升。着力推进服务功能区建设，塑造世界一流的服务标准和环境，吸引高端要素聚集，增强科技创新、金融服务、商务服务、信息服务功能，更好地辐射带动区域发展和参与全球经济分工。更加注重文化软实力培育，持续提升城市的竞争力和影响力。

——优化空间布局。坚持分区域功能定位发展，把优化区域功能配置、完善空间布局形态作为重要支撑，切实提高城乡一体化和区域协调发展水平。着力优化、疏解中心城功能，促进旧城保护与发展。加快推进新城功能完善和新区发展，更加注重薄弱地区发展提升，加快城市空间格局由功能过度集中在中心城向多功能区域共同支撑转变，塑造城乡一体、多点支撑、均衡协调的战略发展格局。

——提升城市管理。坚持统筹城市规划、建设与管理，把提高城市治理效能摆在更加突出的位置，全面提升城市运行管理和服务水平，促进城市的规划、建设与经济社会发展更加协调。把人口、交通、环境和社会公共服务作为城市战略管理的重点，使城市的发展更好地服务于生活。加强城市战略资源管理，统筹常态与应急、供给与排放、地上与地下、城区与郊区，推进城市管理的精细化、智能化，使城市的运行更加安全高效。

——推动成果共享。坚持以人为本，把保障和改善民生作为根本出发点和落脚点，使发展成果更好地惠及全体人民。着力完善各项制度和政策安排，深入推进基本公共服务均等化，为市民高质量生活提供更好的服务。处理好经济发展和收入分配的关系，努力提高城乡居民收入水平。更加注重社会服务管理创新和运行调节机制完善，促进社会公正、和谐、稳定与不断进步。

二、主要目标

"十二五"时期全市发展的主要目标是：紧紧围绕人文北京、科技北京、绿色北京战略和建设中国特色世界城市的目标，按照在推动科学发展、加快转变经济发展方式中当好标杆和火炬手，走在全国最前面的要求，率先形成创新驱动的发展格局，率先形成城乡经济社会一体化发展新格局，努力把北京建设成为更加繁荣、文明、和谐、宜居的首善之区。

——经济平稳较快发展。率先形成创新驱动的发展格局，综合经济实力和竞争能力显著增强，为国家发展服务的功能进一步完善。地区生产总值年均增长8%，地方财政一般预算收入年均增长9%，价格总水平保持基本稳定。中关村国家自主创新示范区初步建成具有全球影响力的科技创新中心，战略性新兴产业的支柱地位初步形成，服务业占比达到78%以上，"北京服务"、"北京创造"品牌和影响力明显增强。

——居民收入较快增加。城镇居民人均可支配收入、农村居民人均纯收入扣除价格因素年均增长8%，低收入者收入明显增加，中等收入群体持续扩大，收入差距不断缩小。市民健康水平得到显著提升，市民生活质量不断提高。

——城乡环境更加宜居。率先形成城乡经济社会发展一体化新格局。全市生态服务价值进一步提高，林木绿化率提高到57%。交通拥堵现象得到有效治理，中心城公共交通出行比例达到50%。万元GDP能耗、万元GDP二氧化碳和主要污染物排放持续下降，空气质量二级和好于二级天数的比例达

到 80%。基本实现城市生活垃圾零增长、污水全处理。城市管理的精细化、智能化水平进一步提高。

——社会发展和谐稳定。公共服务体系更加完善，基本公共服务均等化程度明显提高。城镇登记失业率控制在 3.5% 以内。城乡社会保障体系基本健全，社会保障卡覆盖所有保障人群。中低收入群众的住房条件得到明显改善。社会管理和服务体制更加完善。人口调控管理服务能力进一步增强，防范和化解社会矛盾的机制更加健全，社会治安防控体系更加严密，社会更加和谐稳定。

——文化大发展大繁荣。社会主义核心价值体系建设更加深入，市民文明素质和城市文明程度进一步提高。历史文化资源得到有效的保护、挖掘、传承和利用，文化创意产业和文化事业迅速发展。首都科技、教育、文化等资源优势充分彰显，城市文化软实力显著提升，全国文化中心功能显著增强。

——改革开放深入推进。有利于推动科学发展、加快经济发展方式转变和推动自主创新的体制与制度进一步健全和完善，重点领域和关键环节改革取得明显进展，市场在资源配置中的基础性作用得到充分发挥。行政管理体制改革进一步深化，行政效能进一步提高。对外开放的深度和广度进一步拓展，成为国际社会重大活动的重要目标地和国际一流的旅游中心城市。

表1 "十二五"时期经济社会发展主要指标

类别	序号	指标	目标	属性
经济发展	1	地区生产总值年均增速（%）	8	预期性
	2	服务业占地区生产总值比重（%）	>78	预期性
	3	最终消费率（%）	60	预期性
	4	地方财政一般预算收入年均增速（%）	9	预期性
社会发展	5	城镇居民人均可支配收入、农村居民人均纯收入年均增速（%）	8	预期性
	6	城镇登记失业率（%）	≤3.5	预期性
	7	城乡居民养老、医疗保险参保率（%）	95	约束性
	8	城镇职工五项保险参保率（%）	98	约束性
	9	全市从业人员平均受教育年限（年）	12	预期性
	10	亿元地区生产总值生产安全事故死亡率降低（%）	>［38］	约束性
	11	重点食品安全监测抽查合格率（%）	>98	约束性
	12	药品抽验合格率（%）	≥98	约束性

续表

类别	序号	指标	目标	属性
创新发展	13	全社会研究与试验发展经费支出占地区生产总值的比重（%）	>5.5	预期性
	14	每万人发明专利授权量（件）	8	预期性
	15	年技术交易额（亿元）	1800	预期性
绿色发展	16	万元地区生产总值能耗降低（%）	[达到国家要求]	约束性
	17	万元地区生产总值水耗降低（%）	[15]	约束性
	18	万元地区生产总值二氧化碳排放降低（%）	[达到国家要求]	约束性
	19	城市空气质量二级和好于二级天数的比例（%）	80	约束性
	20	二氧化硫、氮氧化物、化学需氧量和氨氮排放减少（%）	[达到国家要求]	约束性
	21	中心城公共交通出行比例（%）	50	预期性
	22	再生水利用率（%）	75	约束性
	23	生活垃圾资源化率（%）	55	约束性
	24	全市林木绿化率（%）	57	约束性
	25	耕地保有量（平方公里）	2205	约束性

注：地区生产总值年均增速按可比价格计算；城镇居民人均可支配收入、农村居民人均纯收入年均增速为扣除价格因素后的实际增速；〔 〕内为五年累计数。

第二篇　创新驱动发展

转变经济发展方式是首都应对人口资源环境挑战、实现持续健康发展的根本之路。"十二五"时期，面对日新月异的产业技术变革、激烈的国内外市场竞争和不断强化的资源环境约束，要在全球和区域经济分工中占领高端、争取主动，必须把强化创新驱动作为重要着力点，紧紧围绕服务经济、总部经济、知识经济、绿色经济的首都经济特征，统筹服务好、调动好各类资源要素，深入推进经济发展方式转变，全面提升经济发展质量，显著增强首都经济的竞争力、影响力和辐射力，使首都经济走上高端引领、创新驱动、绿色发展的轨道，率先形成创新驱动的发展格局。

第一章　建设国家创新中心

全面实施"科技北京"战略，全力以赴抓好中关村国家自主创新示范区建设，实施《中关村自主创新示范区条例》，用好用足各项先行先试政策，切实发挥其引领带动和支撑作用，着力聚集整合创新要素，着力加强创新制度安排，着力推进创新成果产业化，把北京建设成为国家创新中心，持续推

进竞争力提升，更好地服务于区域和全国创新发展。

一、搭建首都创新资源平台

依托首都创新资源密集优势，加强央地合作、校企合作、军民合作、内外合作，充分发挥中关村科技创新和产业化促进中心的作用，以项目为载体，以技术研发为核心，以产业化为目标，集成和整合各方面创新资源，推进产学研用的有机结合，构造形成高效有力的首都创新资源平台，提升创新和成果转化能力。

完善创新支持与服务体系，强化支撑服务。统筹推进重大科技成果产业化，五年统筹500亿元财政资金，支持国家科技重大专项、科技基础设施和重大科技成果产业化项目。加大科技金融服务，开展符合科技企业特点的金融产品和服务创新，更好地满足创新需求。提升创新型人才服务，为创新人才引进、培养和发挥作用提供良好服务。完善新技术新产品政府采购和应用推广服务，积极争取将更多的北京创新产品列入国家政府采购目录，促进新技术、新产品的应用和推广。着力抓好政策先行先试工作，推进示范区先行先试政策更为有效地落实。加强规划建设服务，促进创新资源合理布局，为创新发展提供基础条件和有力支撑。

二、完善创新激励和支持机制

充分利用中关村国家自主创新示范区体制机制先行先试的政策优势，围绕人才、资本、技术等核心创新要素，着力完善各项制度和政策安排，强化激励引导，形成激励创新、服务创新的机制和良好环境。

完善人才培养和激励机制。认真落实国家和本市人才发展规划，坚持人才优先发展，大力培养、引进和使用人才，建设首都世界人才聚集高地。注重人才、团队、项目一体化引进，创建优良的学术环境，集中力量建设中关村人才特区。创新人才管理模式，落实"千人计划"、"北京海外人才聚集工程"和"中关村高端人才聚集工程"，在全球范围内招纳和吸引高端领军创新人才和高层次创业人才。依托在京国家重大科研项目、重大工程、国际科技合作项目以及重点学科和科研基地建设，加强人才联合培养、融合发展。完善人才在企业、高等院校、科研院所之间的双向流动机制，形成一批懂技术、善管理，具有国际化视野的复合型创新人才和团队。通过加大政府奖励

和实行股权、期权、年薪制等多种方式，增强对关键岗位、核心骨干人才的吸引和激励。深入开展科研院所、国有企业股权激励和分红试点，扩大股权激励试点范围，推进科研成果处置权和收益权政策试点。逐步扩大科技重大专项经费列支间接费用试点范围，提高间接经费列支比例上限。加强人才服务，在户籍、出入境、医疗、保险等方面为高层次人才创造便利条件。营造尊重人才的社会环境、促进优秀人才脱颖而出。

完善科技与资本对接机制。构建形成覆盖技术创新和产业发展全过程的多功能、多层次金融服务体系。大力支持境内外股权投资、创业投资机构在京聚集和发展。设立战略性新兴产业创业投资引导基金。支持境内外个人和机构开展天使投资业务。支持股权投资基金的设立和发展。实施高科技企业并购重组计划，支持企业利用资本市场进行兼并重组、做强做大。"十二五"时期力争新增上市公司100家以上，在资本市场形成更具影响力的"中关村板块"。进一步扩大和完善中关村代办股份转让试点，推进建立国家统一监管下的全国场外交易市场。推动科技金融产品和服务创新，进一步扩大信用贷款、信用保险、股权质押贷款、知识产权质押贷款的规模，完善再担保机制，支持小额贷款机构发展，推动科技保险试点，完善面向科技企业的金融服务。把中关村建设成为全国科技金融创新中心。

完善政府资金支持机制。从支持研发为主向支持研发与提供市场并重转变。完善政府采购自主创新产品相关制度，不断扩大采购比重和范围，五年采购总额超过300亿元。积极探索建立非政府机构购买使用重大自主创新产品的支持机制，加快创新产品的社会化推广进程。更加注重采用市场化的支持方式，从直接补贴、贷款贴息等投入为主，向支持发展创投基金、创投引导基金、股权投资基金等转变，发挥好政府投资的引导放大作用，提高资金利用效率。

完善企业创新鼓励机制。增强企业创新主体地位，促进创新要素向企业集聚，政府性科技经费投入向企业倾斜，鼓励企业提高研发投入比重。落实高新技术企业认定、研发经费加计扣除、教育经费列支等方面的政策。开展支持创新创业的外汇管理改革试点。改革高等院校和科研院所技术成果管理制度，完善高校与企业、产业园区的科研成果衔接机制，提高创新成果转化

效率。在市场准入、业态管制放开、要素市场落户等领域支持民营科技和中小企业发展，激发民营经济的创新潜力。支持民营企业、新型产业组织参与国家重大科技项目等国家创新计划。

完善知识产权的激励和保护机制。实施知识产权战略，推动知识产权创造、管理、保护、应用相结合，使其成为企业提高成长性与竞争力、培育新业态与制定新标准的重要基础和手段。健全知识产权服务体系，促进知识产权有效转移和转化实施。激励高新技术企业申请专利、注册商标，支持企业和产业技术联盟构建专利池。实施标准化战略，搭建标准创新和检测认证公共服务平台，开展中关村国家自主创新示范区标准创新试点，推动标准创制和实施。

三、全力推进创新成果产业化

坚持以市场需求为导向，特别是瞄准经济社会和城市发展的重大紧迫需求，着力完善以企业为主体的产学研用一体化的创新体系，显著提高科技创新成果转化和产业化水平。

集聚一批高端创新资源。深化国际创新合作，积极吸引国外大型企业、国际知名实验室设立研发机构，发展区域性和国际研发总部。引进由战略科学家领衔的研发团队，建设具有世界一流水平的科研机构。加强与高等院校和科研院所的全面合作，鼓励与企业联合共建工程中心、工程实验室和技术中心。大力支持企业牵头组建产业联盟、技术联盟、标准联盟等新型产业组织，加强行业关键共性技术研发。支持企业引进国外先进技术，加强引进技术消化吸收再创新。

抓好一批基础科学研究。加强科研项目筛选、科研后备力量培养和科技成果储备。鼓励在京研究机构积极承接国家基础研究项目。提高基础研究以及相关教育的投入，支持开展城市环境、能源科学、安全健康、新型材料等领域的基础研究，夯实创新基础。

突破一批关键核心技术。积极承接和推进国家重大科技专项和科技基础设施，在后 3G 移动通信、物联网、超级计算、云计算、新能源汽车、航空航天及卫星应用等领域攻克核心关键技术，为国家布局战略性新兴产业提供科技支撑，形成更多的创新成果。大力推进实施核心元器件高端通用芯片及

基础软件、极大规模集成电路制造装备及成套工艺、新一代宽带无线移动通信网、高档数控机床与基础制造装备等重大科技专项。加快推进蛋白质、重大工程材料服役安全研究评价、航空遥感、先进光源等国家重大科技基础设施建设，围绕重大科技基础设施项目建设综合科学中心。

加快转化一批创新成果。健全重大科技成果发现、筛选机制，建立重大项目落地协调服务的市区联动机制，支持建设重大项目投融资平台和产业化基地。探索完善高等院校、科研院所等研究机构承担重大专项课题成果的转化机制。建立军地科技成果转化协调机制，促进军民融合式发展。通过国有资本有序进退，引导国有资本承接重大科技成果转化。扶持引导民营资本参与创新成果转化。实施"双百工程"，围绕城市应急、交通管理、环境治理、安全生产等关键问题，组织开展关键技术应用和示范工程，实施100个以上重点示范应用项目，实现100项重大科技成果产业化。

做大做强一批创新型企业。培育和壮大产业链整合能力强、主导产业链分工、能够更大范围配置产业资源的企业，培育一批国际知名品牌。实施创新型企业"十百千工程"，选择300家以上重点企业，集中政策资源重点支持，形成一批具有全球影响力的千亿级规模企业、产业带动力大的百亿级规模企业和高成长的十亿级规模企业。加快培育专业性强、产品和服务特色鲜明、细分市场占有率高、成长速度快的重点企业，深入实施"瞪羚计划"，形成一批"专、特、精、新"的小巨人企业。继续营造有利于创业的氛围。

四、强化教育战略支撑作用

全面实施中长期教育改革和发展规划纲要，坚持教育优先发展，充分发挥教育对推动创新、培养人才的基础性作用，为国家和首都持续发展提供高端人才支撑和科技智力服务。

推进首都高等教育内涵发展。完善高校法人治理结构，扩大高校办学自主权，把创新人才和高技能人才培养作为高等教育学校评价的重要因素，推动教学资源向教学一线倾斜，大力提升首都高等教育的人才培养、知识创新和社会贡献能力。继续支持在京高校建设世界一流大学和高水平大学，支持一批重点学科建设和科学研究。建立市属高校分类发展评价体系，引导高校科学定位、特色发展。适应城市发展需要，适时组建旅游大学等特色院校。

加快首都高等教育空间布局调整优化，高标准建成沙河、良乡高教园区。大力发展来华留学教育，到2015年在京留学生数量超过12万人次。

增强高等院校研发创新能力。支持高等院校建设一批重点实验室、工程研究中心和哲学社会科学研究基地，支持工科院校建设新兴技术研究院，鼓励高等院校与海内外高水平教育科研机构、著名企业建设联合研发基地，进一步提升大学科技园发展水平，构建北京高校科技创新体系。引导高等院校围绕城市经济社会发展中的重大问题开展科研攻关。鼓励高等院校和科研院所向社会开放实验室、科研设备，提高资源使用效率。

建设充满创新活力的学习型城市。大力倡导全民学习、终身学习理念。促进各级各类教育衔接沟通，建立不同类型学习成果的互认衔接制度，促进终身学习。支持企事业单位和各类社会组织举办多层次、多类型的继续教育和岗位技能培训。鼓励企事业单位为社区提供教育教学资源，扩大公益性文化设施免费开放范围，拓展社区教育和农村成人教育。大力发展数字化远程教育，构建终身学习网络和平台，为学习者提供方便、灵活、个性化的学习服务。广泛创建学习型组织和学习型家庭。

第二章　提升经济发展质量

巩固和扩大应对国际金融危机成果，着眼提高经济发展质量，推进产业深度调整升级，巩固消费、投资协调拉动格局，使首都经济在更高水平上实现又好又快发展。

一、扩大首都经济优势

进一步彰显首都经济特征。坚持服务经济、总部经济、知识经济和绿色经济的发展定位，巩固和强化首都经济特征。服务经济是首都经济的主体和优势所在，是经济长期保持平稳较快发展的基石，要坚持大力发展服务业，特别是生产性服务业，进一步发挥对全市经济增长的稳定器作用。总部经济是首都经济的突出特征，是提高经济控制力和影响力最宝贵、最稀缺的资源，要注重积极引进与重点培育并重、国内总部与跨国总部并重、各次产业及各类企业总部并重，继续大力提升总部经济发展水平。知识经济是首都资源禀赋优势的集中体现，要更加注重增强科学、技术、知识、管理、人才对

产业发展的提升带动作用，大力发展科技农业、高技术产业和知识密集型服务业，推动科技要素向多行业、多领域延伸发展，增强经济发展的竞争力。绿色经济是首都资源环境条件和时代要求的必然选择，要坚决实施更加严格的产业准入、资源利用和环境约束标准，推进产业调整和发展方式转变。

统筹服务好各类要素资源。充分发挥首都功能优势，依靠和服务好中央资源，着力为其在京更好、更快地发展创造更加适宜的环境，提供服务保障，在支持和服务其发展中实现自身更高水平的发展。充分把握国际社会看好中国的有利时机，有效利用好国外资源，着力提升商务环境，在更高层面上吸引和服务好跨国公司、外资和侨资，不断提升经济的国际影响力。充分依托首都市场优势和国家自主创新示范区的政策优势，支持和培育民营经济和中小企业，集聚高端民营企业总部，为首都高技术产业和经济发展注入新的活力。充分挖掘地方经济潜力，加快地方企业资产证券化步伐，持续提升品牌意识和管理水平，进一步壮大地方经济的实力。通过国有股权有序进退方式盘活存量资源，加大与各方资源整合力度，鼓励资产关联度大、产业互补性强的市属国有企业主动为在京央企提供配套服务。

二、深度推进产业升级

坚持高端、高效、高辐射的产业发展方向，以提升产业素质为核心，着力打造"北京服务"、"北京创造"品牌，显著增强首都经济的竞争力和影响力。

坚持优化一产、做强二产、做大三产，推动产业融合发展，构建首都现代产业体系。

推进都市型现代农业发展。强化农业基础地位，严格保护耕地和基本农田，加强农业基础设施建设，提高农业综合生产能力、抗风险能力、市场竞争能力。加快转变农业发展方式，适应特大型城市发展需要，突出首都农业的城市农产品供应和应急保障、生态休闲、科技示范等功能，推进"221"信息平台建设，大力发展籽种农业、休闲农业、循环农业、会展农业、设施农业、节水农业等都市型现代农业。切实加强"菜篮子"工程等农产品生产基地建设，全面提升蔬菜等鲜活农产品供应保障和质量安全水平。全面加强面向农业的技术服务、金融服务、信息服务和市场服务，促进农业生产经营

的专业化、标准化、规模化和集约化，提升农业附加值，促进农民增收。培育大型农业企业集团和农民专业合作社，支持符合条件的农业企业上市，推进农业企业的集团化、资本化。加快国家现代农业科技城建设，打造"一城多园"的空间布局。

提升高技术和现代制造业发展水平。深入落实重点产业调整振兴规划，坚持高端发展方向，通过标准提升、业态创新、信息技术和组织结构创新等途径，着力发展高端现代制造业，改造提升传统制造业。延伸制造业产业链，促进工业化与信息化融合发展，增强产业配套能力和集群发展水平。实施重大项目带动战略，重点推进京东方八代线、长安汽车、北京现代三工厂、福田中重卡合资项目、中航工业园、北京数字信息产业基地等重大项目建设，提升电子信息、汽车、装备制造、医药等产业发展水平。总结推广望京等地区发展的成功经验，促进研发、制造、总部一体化发展。

加快服务业调整升级。围绕拓展提升城市服务功能，促进金融服务、信息服务、科技服务、商务服务、流通服务等生产性服务业加快发展，建设具有国际影响力的金融中心城市，促进经济结构由服务业主导向生产性服务业主导升级，打造服务区域、服务全国、辐射世界的生产性服务业中心城市。积极推进文化与科技、资本及其他产业的融合发展，进一步强化文化创意产业的支柱地位。落实大旅游发展理念，将旅游业发展成为重要的支柱产业，打造国际一流旅游城市。吸引国内外大型旅游会展总部或分支机构落户北京，引导形成旅游会展总部经济聚集区。吸引民营经济、国际资本参与重大旅游项目开发，促进旅游企业集团化、规模化、品牌化、国际化发展，打造具有国际竞争力的北京旅游品牌。开发高端旅游产品，建设一批带动性强的旅游项目。加快八达岭印象长城、大海坨国际山地休闲度假区、丫髻山养生度假基地、世界地质公园核心区、昌平银山塔林等一批重点旅游项目建设。适应人们生活质量提高和日益多样化的新需求，大力发展健康、养老等新兴生活服务业。按照"安全便利、资源节约、行为规范、环境友好"原则，推进生活性服务业发展方式转变。加快发展现代粮食流通产业，保障首都粮食安全。积极开发新型服务业态，发展服务外包，通过融入全球产业链带动产业结构优化升级。

专栏1：生产性服务业

金融服务。巩固全国金融管理中心地位，强化总部金融、特色金融发展优势，做好金融总部和后台的配套服务，大力引进国际一流的新兴金融机构，培育离岸金融、券商直投、信托租赁等新业态，提升债券发行中心和清算中心功能，建设具有国际影响力的金融中心城市。

信息服务。优化提升通信业，积极发展互联网及计算机服务业，做大做强软件产业，发展移动通信增值服务、数字电视增值服务。推进数字电视运营服务。依托总部资源和媒体资源，进一步提升首都的信息集聚和发布功能，成为在亚太地区有重要影响力的信息服务枢纽城市。

商务服务。重点鼓励国内外企业总部的交易中心、运营中心以及国际机构组织等落户本市。引导法律服务、知识产权服务、广告等优势行业并购重组，形成具有竞争力的龙头企业。加大政府和事业单位的业务外包力度。努力在会计、审计、咨询、资产评估、信用评级等领域打造具有国际水准的中介服务机构，加速形成国际化的商务服务能力，成为全球商务服务网络的重要节点。

科技服务。大力吸引国内外研发机构、科技型企业在京发展，加快发展研发设计服务、生物技术服务、数字内容服务和检测服务，进一步完善知识产权服务和科技成果转化服务体系，努力打造成为科技创新中心城市。

流通服务。运用现代信息技术、创新营销模式及金融服务配套等手段，提升流通业的现代化水平。加快交通枢纽、大型物流节点和流通网络的建设，强化批发业和物流业的营运控制功能。鼓励商业流通企业发展连锁经营和电子商务等现代流通方式，培育专业化、规模化的贸易企业和品牌代理商。

大力发展战略性新兴产业，带动产业持续升级和竞争力提升。瞄准国际

前沿技术和产业发展趋势，把发展战略性新兴产业作为产业结构优化升级的突破口。依托首都科技资源优势和产业基础，积极发展新一代信息技术、生物医药、新能源、节能环保、新能源汽车、新材料、高端装备制造和航空航天等产业，加强产业关键核心技术和前沿技术研发，以关键技术研发和装备研制带动重点领域突破，以重大工程建设和应用培育市场需求，到"十二五"末，努力使战略性新兴产业成为先导性、支柱性产业，形成若干战略性新兴产业集群，培育一批年销售收入超过 500 亿元的大型企业，涌现出一大批创新能力强的中小企业。

专栏 2：战略性新兴产业

新一代信息技术。全面推进三网融合。率先在新一代移动通信、下一代互联网、下一代广播电视网等领域突破核心技术和关键设备产业化，促进物联网、云计算的研发和示范应用，突破核心元器件高端通用芯片及基础软件等领域的关键技术，增强基于新一代信息网络的信息增值服务能力。

生物医药。加快发展新型疫苗、蛋白质药物、诊断试剂等生物医药关键产品和技术，加快先进医疗设备的研发和产业化，大力推进农作物等生物农业优良新品种选育，突破酶工程、代谢工程等工业生物领域关键技术，积极发展生物技术研发外包和健康管理服务。

新能源。发展太阳能热利用和风电技术服务业。加快推进新型核能技术与装备研发服务，扩大核电高端技术服务产业规模。提高地热能、生物质能等的技术研发水平与工程服务能力。

节能环保。发展面向工业、交通、建筑等重点领域的节能产业，壮大污水处理、大气污染防治和垃圾处理等环保产业，加快资源循环利用产业发展，加速发展节能环保服务业。

新能源汽车。搭建新能源汽车研发平台，推进整车控制系统、车载能源系统、驱动系统三大关键系统及一些关键配件的研发和产业化，积

极推进纯电动汽车和混合动力汽车的研制，加大纯电动汽车的示范应用力度。

新材料。形成半导体材料、金属磁性材料、生物医药材料、化工新材料、太阳能电池材料、新型绿色建材、非晶材料以及高温超导材料等特色产业集群，构建集新材料生产、加工、集散和技术研发为一体的新型产业基地。

高端装备制造。重点在轨道交通运行控制系统、数控机床、工业自动化控制系统等一批重大关键技术上实现突破，并积极发展一批成套设备，大幅提升高端装备的系统集成能力。

航空航天。打造以发动机、系统控制和航空技术为核心的航空产业；促进产品、系统应用、运营服务一体的民用航天规模化发展；加快发展北斗卫星导航系统，发展面向应用需求的卫星遥感产业。

整体塑造"北京服务"、"北京创造"品牌，显著增强产业的竞争力和影响力。建立北京服务、北京创造品牌服务体系。设立北京服务、北京创造股权投资基金，支持品牌企业和重大项目加快发展。组建北京服务、北京创造产业联盟。研究设立金融街金融指数、CBD 商务服务指数、中关村创新指数、奥林匹克文体指数等，形成北京服务、北京创造指数体系。突出发挥中关村等高端产业功能区的带动作用，成为北京服务、北京创造品牌的重要支撑区。积极推进企业上市发展，打造资本市场北京服务、北京创造板块。高水平筹办更多有影响力的重大品牌活动，为品牌塑造创造条件、提供支撑，积极争取把中国服务贸易大会打造成永久落户北京的中国国际服务交易会，形成"南有广州中国进出口商品交易会、北有北京中国国际服务交易会"格局。加强对品牌企业、品牌人才的正向激励，加强知识产权保护，建立品牌创造激励机制，积极营造崇尚、保护、创造品牌产品和企业的社会环境。

三、统筹经济发展政策

坚持实施扩大内需战略，把优化需求结构与支持自主创新、推动产业升级、加强节能减排、促进资源集约利用等各项政策更加紧密地结合起来，进

一步创新发展理念和发展模式，处理好市场与政府的关系，把资源更好地配置到对经济社会发展具有决定作用的领域和环节，集中精力解决最迫切的问题，加强政策统筹安排与协调衔接，切实在发展中促转变，在转变中谋发展。

持续增强消费拉动，逐步形成消费主导型经济。消费在经济发展中的作用日益增强，要把扩大消费需求作为扩大内需的战略重点，通过持续扩大消费促进经济稳定较快发展。落实国家收入分配政策，提高居民特别是城乡中低收入者的收入水平，完善社会保障和公共服务，稳定居民消费预期，增强居民消费能力。适应消费结构升级和市民新需求变化，实施商贸品牌特色提升工程，汇聚国内外知名品牌和商贸企业，加强特色商业街区建设，推动京味"老字号"品牌创新发展，培育一批本土新兴品牌和特色消费街区，丰富市场供给，壮大特色时尚消费。积极推进消费领域由商品消费向服务消费升级，深化商贸与关联产业的融合发展，壮大与市民追求健康生活相适应的旅游休闲、养生度假、文化体育等产业，扩大发展型和服务型消费。加大旅游、会展市场开发和宣传力度，进一步扩大外来消费。积极推进专业化商品市场发展，规范、发展千亿元规模的大宗商品电子交易市场，规划建设电子商务集聚区，积极发展网上商城，扩大电子商务消费。积极扩大信贷消费。适应城市化要求，优化商业设施和服务网点布局，完善社区便民商业服务，引导大型零售企业向郊区连锁发展，提升商业设施无障碍和刷卡消费无障碍水平，提高居民生活便利度。加强市场监管，完善消费者服务保障体系，为消费者创造良好的消费环境。

着力优化投资结构，提高投资质量和效益。投资仍然是拉动经济发展的重要力量，要把握好投资、消费相互促进、协调支撑经济发展的规律，把投资与促进消费、增加就业、改善民生有机结合起来，促进投资与消费良性互动适度稳定增长。积极调整投资结构，以增强发展后劲为核心，努力扩大生产性服务业、战略性新兴产业、高端制造业、文化创意产业和旅游业等产业投资。加大城市交通、能源、资源、环境等基础设施投资。把握好房地产对稳定投资、延伸消费、惠及民生、承载业态的作用，调整优化房地产投资结构，推动房地产建设向保障性住房、适于承载生产性服务业发展的商务楼宇

以及核心区人口疏解和城乡结合部改造等定向安置房转变，向新城、高端产业功能区等区域转移。在推进中心城功能优化提升的同时，引导投资向郊区转移，使城市功能拓展区和发展新区作为承接投资的主要区域，全社会投资中郊区投资比重力争达到50%。积极鼓励、引导和促进民间投资和外商投资。发挥政府投资的引导带动作用，更加注重融资方式创新，牢固树立节约意识，提升投资质量和效益。

积极创新产业发展政策与支持方式，深入推进产业优化升级。坚持"区别对待、有进有退、有松有紧"的产业政策导向，不断完善产业发展的政策组合，实施更加适合首都功能定位的产业政策。深入落实国家及本市产业调整振兴规划。积极推进服务业综合改革试点，探索建立适合服务业经济特征的体制机制。加强高端产业功能区和各类园区的政策集成，引导产业布局优化和集群发展。更加注重产业标准与国际水平的对接，发挥标准对产业结构升级的驱动作用。实施更加严格的用水、用地、用能等产业准入标准，推进各类散小低端行业的整治与升级，坚决淘汰高消耗、高污染的落后生产能力、工艺和产品。

切实加强资源环境政策制定实施，推进资源集约利用与绿色发展。全面实行资源利用总量控制、供需双向调节、差别化管理。按照减量化、再利用、资源化、节约优先的原则，加强财税、金融、价格、标准、产业等政策的互动组合，在生产、流通、消费各环节，在企业、园区、社会各层面，引导开发应用源头减量、循环利用、再制造、零排放等技术，推动循环经济发展，促进全社会的资源循环利用。

第三章 构建战略发展高地

着眼于城市发展空间战略调整和功能优化配置，以集中做强具有核心竞争力的品牌区域为导向，推进功能区域化、区域特色化，不断提升高端产业功能区辐射力，积极培育高端产业功能新区，构建"两城两带、六高四新"的创新和产业发展空间格局，成为全市高端产业发展的重要载体。

一、打造两城两带

集中力量打造中关村科学城和未来科技城，着力加快建设北部研发服务

和高技术产业带、南部高技术制造业和战略性新兴产业发展带，基本形成国家创新中心的新格局。

中关村科学城。加大体制机制创新和先行先试力度，聚集产业创新要素和高端业态，调动高校、院所、企业等主体的积极性，推进协同创新，大力发展高端研发和楼宇经济，突破一批关键核心技术、创制一批新标准、转化一批重大成果。重点建设以中关村大街为核心的"中关村生命科学与新材料高端要素聚集发展区"，以知春路为核心的"中关村航空航天技术国际港"，以学院路为核心的"中关村信息网络世纪大道"。把中关村科学城建成战略性新兴产业策源地、体制机制创新的前沿阵地、科技成果转化的辐射源和区域创新的先行示范区。

未来科技城。突出生态环保、科技示范作用，高标准建设园区基础设施和配套生态环境。积极推进中央企业创新资源集聚发展，引进海外高层次创新人才，建设一流科研人才的集聚地、引领科技创新的研发平台和全新运行机制的人才特区，探索实行国际通行的科学研究和科技开发、创业机制，打造成为具有国际影响力的大型企业集团技术创新和成果转化的基地。

北部研发服务和高新技术产业发展带。以海淀区平原地区、昌平区南部地区为重点，大力推进研发服务、信息服务等高端产业集聚，加速促进高新技术成果孵化转化，建设"生态良好、产业集群、用地集约、设施配套、城乡一体"的世界领先的研发服务和高技术产业集聚区。

南部高技术制造业和战略性新兴产业发展带。有效整合亦庄、大兴为主体的城市南部产业空间资源，拓展北京经济技术开发区范围，加大管理体制改革力度，带动房山高端制造业基地联动发展，打造电子信息、生物医药、装备制造、新能源、新材料等高技术制造业和战略性新兴产业集群，建设成为高技术制造业发展和对外辐射合作的重要承载区。

二、提升高端产业功能区

围绕产业集聚、人才集中、资源集约和功能集成，着力提升产业发展势能，提升服务环境，提升国际辐射力和经济带动力，使之成为世界城市先行实践区。"十二五"末，六大高端产业功能区增加值占全市经济比重力争达到50%。

中关村国家自主创新示范区。按照"深化改革先行区、开放创新引领区、高端要素聚合区、创新创业集聚地、战略产业策源地"的战略定位，巩固和扩大"一区多园"发展格局，注重资源整合和机制创新，积极推动先行先试改革，着力推进中关村核心区建设，着力研发和转化国际领先的科技成果，做大做强一批具有全球影响力的创新型企业，培育一批国际知名品牌，聚集一批高端人才，全面提高自主创新能力和辐射带动能力，初步建成具有全球影响力的科技创新中心。

北京经济技术开发区。发挥与大兴区行政资源整合的优势，充分发挥高端产业引领和带动作用，提升高端制造业和战略性新兴产业的集聚和承载能力，促进现代制造业与生产性服务业有机融合、互动发展，建设成为工业化、城市化、信息化高度协调的国际化高端产业功能区。

商务中心区。基本建成核心区，全面启动东扩战略工程。显著提高区域国际化水平，大力发展总部经济、生产性服务业和文化创意产业，增强对国际金融、国际传媒、国际组织和专业要素市场等集聚功能，建设成为具有国际影响力的现代商务中心。

金融街。注重功能完善与服务提升，加强南北连片和核心区的适度拓展，进一步提升商务配套功能和环境品质，增强吸引核心金融要素功能，强化金融总部资源配置能力，成为国家金融管理和金融总部功能主要承载区。

奥林匹克中心区。充分利用好现有奥运场馆设施，推进国家级文化设施建设，大力发展博物馆经济，有效集聚国内外重大体育、文化、会展活动，注重系列化和品牌化，完善旅游服务环境，打造成为国际文化体育商务中心和大型国际旅游会展中心。

临空经济区。以枢纽空港和天竺综合保税区为依托，积极开展保税服务和离岸金融业务，完善首都国际机场配套设施，增强临空服务功能，努力建成辐射东北亚、面向全球的临空经济区。

三、培育高端产业新区

适应城市产业功能拓展、提升和优化配置需求，积极推动新的高端产业功能区规划建设。坚持高标准规划、高水平建设、分时序推进，注重节能、环保、信息化等新标准、新技术的示范应用，积极在交易功能、文化功能、制造业和旅游业总部集聚功能等方面形成差异化发展。

通州高端商务服务区。依托新城开发，重点发展总部经济、高端商务、康体医疗、文化传媒、会展培训等产业，积极吸引侨资总部落户，建设成为彰显国际新城形象的特色高端商务服务区。

新首钢高端产业综合服务区。统筹规划首钢主厂区及周边石景山、门城地区资源，重点发展文化创意产业、高技术产业、生产性服务业等产业，吸引制造业企业总部和研发中心落户，努力成为产业转型升级的示范区。

丽泽金融商务区。引导金融信息咨询、文化金融、新兴金融机构及商务总部等要素集聚，强化要素交易功能，形成比较优良的新兴金融业发展的商务环境，打造具有全国辐射力的新兴金融功能区。

怀柔文化科技高端产业新区。以雁栖湖生态示范区、中科院研究生院、中影基地等为重点，大力发展会议休闲会展业、科技研发业、高技术产业和文化创意产业，构建具有国际高端水平、特色鲜明、综合竞争力强的文化科技高端产业功能区。

图 1　高端产业新区示意图

第三篇至第八篇（略）

第九篇　未来五年的行动路径

实现未来五年的发展目标，需要不断完善规划实施机制，充分发挥市场在资源配置中的基础性作用，进一步提高政府的统筹调控能力，动员和引导全社会力量共同推进规划落实。

第一章　充实完善调控机制

要紧紧围绕"十二五"规划确定的发展目标和任务，科学合理地配置公共资源，有效调控引导社会资源，切实增强经济调节的适应性、针对性、灵活性，进一步改进市场监管、公共服务和社会管理，保障规划目标的如期实现和各项任务圆满完成。

一、加强财政资金保障

编制实施好年度财政预算，为规划实施和目标任务完成提供有力的财政资金保障。加强税收征收管理，增强财政保障和支付能力。完善公共财政体制，加强存量整合，优化增量安排，健全财政支出优先满足社会公共需求的保障机制，重点加大对义务教育、公共卫生和基本医疗、社会保障和福利、公共文化服务、公共安全、生态环境等领域的财政投入。合理安排基本建设预算，保障城市建设和发展需要。强化对财政资金使用的审计监督，坚持厉行勤俭节约，严格控制行政成本。

二、健全综合发展政策

围绕发展的重点领域，密切联系发展实际和宏观环境变化，加强政策储备、研究制定和协调落实，为各项发展目标实现提供有力支撑。重点围绕促进高端产业功能区和战略性新兴产业发展、推进基本公共服务均等化、改善收入分配关系、提高民生保障水平、加快薄弱地区发展、促进城乡一体化、加强人口调控管理、推进资源节约与环境保护、促进文化软实力提升等重点

领域和关键环节，搞好政策法规制定和实施，给市场主体以正确导向与合理预期。

三、强化战略资源管理

切实加强人才、土地、能源、重要商品物资等战略资源管理，为实现经济持续平稳发展、城市安全运行、社会和谐稳定奠定基础。

高度重视人才管理。坚持党管人才，统筹推进党政、企业经营管理、专业技术、高级技能、农村实用、社会工作等各类人才队伍建设和管理，为首都发展提供人才支撑和保障。

科学调控土地供应。坚持控制总量、优化增量、调整存量，加强土地资源管理，提高土地集约利用水平，到2015年全市建设用地总量要控制在3650平方公里以内。不断优化土地供应结构，优先保证保障性住房、重点功能区开发、公共服务改善、重大基础设施和高端产业项目建设等方面的土地需求。

完善能源和重要商品管理。注重需求侧管理和供给保障能力建设，按照实物储备与生产能力储备并重，政府储备与商业储备并举的原则，进一步完善储备制度，增强煤炭、成品油、天然气等能源和生活必需品、救灾物品等重要物资的储备，提高国民经济动员和应急组织调控能力。

四、实施重大项目带动

坚持以规划确定项目、以项目落实规划，着眼于集中力量分阶段解决一批重大问题，在经济结构调整、空间布局优化、资源承载能力提升、生态文明发展、和谐社会建设、文化软实力提升等方面，组织实施好一批关系全局和长远发展的重大项目，通过重大项目实施促进规划落实。健全项目实施机制，深化前期研究论证，规范手续办理，提高审批效率，加强协调调度，切实做到规划一批、储备一批、实施一批。

第二章　加强规划实施管理

本规划纲要经市人民代表大会批准后，由市人民政府组织实施。要按照统筹协调、分工负责原则，加强规划实施管理，举全市之力，共同努力实现未来五年的发展蓝图。

一、分解落实规划目标任务

本规划提出的预期性目标和产业发展、结构调整等任务的完成，主要依靠发挥市场机制的作用实现。各级政府要通过改进经济调节、加强市场监管、健全利益导向机制和创造良好发展环境，引导市场主体行为与城市发展战略意图相一致。

本规划确定的约束性指标和公共服务、社会管理等领域的任务，要纳入各区县、各部门经济社会发展综合评价和绩效考核体系。约束性指标要分解落实到区县和有关部门。

市政府有关部门要组织编制市级专项规划，细化本规划提出的主要任务，形成落实本规划的重要支撑和抓手。各区县要切实贯彻落实国家和本市的战略意图，结合自身实际，突出区域特色，编制实施好区县发展规划，并做好与本规划的协调衔接，特别是加强约束性指标和重大任务的衔接，确保落到实处。

二、分阶段有步骤实施规划

加强年度计划制订实施。年度计划要依据本规划的总体安排部署，逐年落实规划提出的发展目标和重点任务，对约束性指标设置年度目标。年度计划报告要分析本规划实施进展情况，特别是约束性指标的完成情况。

完善监测评估制度。加强对规划实施情况跟踪分析，自觉接受市人民代表大会及其常务委员会的监督检查。市政府有关部门要对重点领域的发展情况适时开展专题评估。在规划实施的中期阶段，由市政府组织开展全面评估，并将中期评估报告提交市人民代表大会常务委员会审议。根据中期评估情况以及国内外形势变化需要进行修订时，由市政府提出意见，报市人民代表大会常务委员会批准。完善统计制度，加强对节能减排、劳动就业、公共服务、收入分配、房地产等统计工作，为监测评估和政策制定提供基础。

三、动员全社会共同实现规划

本规划是全市人民集体智慧的结晶，规划的落实也需要群策群力。各级政府要面向社会、面向市民，广泛采取多种形式，加强对规划的宣传，增强公众对规划的认识和了解，有效组织引导公众参与规划的实施和监督，集全市之力、集各方之智共同落实好规划，共同把首都北京、我们共同的家园建设得更加美好。

附录二 《北京市大兴区国民经济和社会发展第十二个五年规划纲要》

序 言

"十二五"时期（2011~2015）是北京市深入贯彻落实科学发展观，加快转变经济发展方式，全面实施"人文北京、科技北京、绿色北京"战略，以更高标准建设小康社会，向中国特色世界城市迈进的重要战略机遇期，是新区坚持科学发展，在更高起点上全面建设南部高技术制造业和战略性新兴产业聚集区，努力实现超常规、高水平、跨越式发展，成为北京未来增长极和发展新空间的重大历史机遇期。

《北京市大兴区国民经济和社会发展第十二个五年规划纲要》，是新区在首都全面实施"人文北京、科技北京、绿色北京"战略背景下编制的第一个五年规划，也是在北京《促进城市南部地区加快发展行动计划》启动实施、大兴区和北京经济技术开发区行政资源整合、首都新机场选址大兴等重大历史机遇下编制的第一个五年规划。本规划主要阐明区委区政府的战略意图，表达新区人民的发展愿景，明确新区在未来五年以至更长一段时期的总体定位、发展目标和重点任务，是在"十一五"成就基础上继续坚持科学发展，走一体化、高端化、国际化道路，建设宜居宜业和谐新大兴的奋斗纲领和行动指南。

本规划编制的主要依据是：《中共中央关于制定国民经济和社会发展第十二个五年规划的建议》、《中共北京市委关于制定北京市国民经济和社会发展第十二个五年规划的建议》和《中共北京市大兴区委关于制定大兴区国民经济和社会发展第十二个五年规划的建议》。

第一章 战略选择

新起点：大兴区和北京经济技术开发区行政资源整合，高水平建设南部高技术制造业和战略性新兴产业聚集区。

新机遇：城南行动计划实施、地铁大兴线和亦庄线通车、首都新机场规划建设等。

一、发展回顾

"十一五"以来，在市委、市政府的正确领导下，新区上下深入学习实践科学发展观，以昂扬的斗志和过硬的作风，圆满完成北京奥运会和新中国成立60周年庆祝活动服务保障任务，有效应对国际金融危机不利影响，经济建设、政治建设、文化建设、社会建设和生态文明建设取得显著成就。大兴区和北京经济技术开发区坚决落实市委、市政府重大决策部署，积极推进两区行政资源整合，实现资源优势互补，放大政策品牌效应，为新区发展增添了强大动力。

新区经济实现新跨越。新区地区生产总值年均增长18%以上，人均地区生产总值超过1万美元。产业结构不断优化，三次产业比重由2005年的3.5∶72.7∶23.8调整到2009年的2.0∶52.7∶45.3。设施农业、观光农业、科技农业以及农产品加工和流通业取得跨越发展，农业与二三产业融合发展的基础更加稳固。科技创新服务体系不断完善，科技创新环境不断提升发展，自主创新能力不断增强，电子信息、生物医药、装备制造和汽车制造等高技术制造业向专业园区集聚发展壮大，基本确立了在全市工业中的主导地位。现代商业、金融、流通、旅游、文化创意、工业设计以及对外经济贸易领域发展水平显著提高。大兴区一般预算财政收入年均增长20%，北京经济技术开发区财政收入年均增长40%，新区全社会固定资产投资年均增长27%，城镇居民人均可支配收入年均增长10%，农民人均纯收入年均增长10%，社会消费品零售额年均增长21%，新区的综合实力显著增强。

新农村建设取得新成效。新农村"五+三"基础设施建设基本完成，农村居住条件明显改观。"科技助农"顺利实施，设施农业面积达到10万亩，居全市前列，专业合作社接近500家，庞安路、刘礼路等观光休闲产业带和

十大观光园成为京郊乡村游热点，农业发展水平明显提高。城乡一体的就业管理和服务机制基本建立，农村养老保险覆盖率达到92%，新型农村合作医疗参合率达到97%，农村低保实现应保尽保，低保标准大幅提高，公交、广播、信息网络"村村通"、有线电视"户户通"、全民健身设施和文化大院等实现村庄全覆盖，农民生活质量明显改善。

城镇建设管理跨上新台阶。贯彻落实大兴新城、亦庄新城和镇区规划，积极实施城南行动计划，地铁大兴线、亦庄线建成通车，兴华大街、芦求路、兴亦路等顺利完工，观音寺、康庄供热厂和李营3座变电站投入使用，新城基础设施水平大幅提升。坚持建管并重和部门协同，城市交通秩序、市场管理秩序、市容环境秩序和社会治安秩序明显好转。加大城乡结合部整治力度，实现和谐无振荡拆迁，探索出全市城乡结合部改造的"大兴经验"。加快镇区建设，明确重点镇功能定位，"上承新城、下接新村"的作用更加突出。

社会建设取得新进展。健全社会建设与管理机构，成立社会办和天宫院、观音寺街道办事处，完善社区管理组织体系，保障和改善社区办公条件。发挥基层创造的主动性，村庄社区化管理模式作为先进经验推广。深入探索"四有"搬迁村农民利益长效保障机制，实施"以补促管"等流动人口服务管理制度，建立网格化服务管理平台。千方百计促进就业，实现农村富余劳动力向二、三产业转移4.7万人，开展农村劳动力技能培训超过25万人次，城镇登记失业率始终控制在1.9%以内。覆盖城乡居民的社会保障体系不断完善，加大保障性住房建设力度，坚持每年为群众办理一批重要实事。教育、卫生、文体设施明显改善，与优质教育、医疗资源合作不断深入。"四级"文化工作网络格局进一步巩固，广播电视、档案、老龄、红十字会、残疾人等各项事业取得新的成绩。

生态环境得到新改善。坚持把生态建设作为"宜居宜业和谐新大兴"的基础工程，南海子公园一期、地铁文化公园、兴旺公园等一批高品质公园建成使用，全区城市绿化覆盖率达到40%以上。南海子公园和新城滨河森林公园新建水面近2000亩，改变了大兴没有水景观的历史。建成天堂河等6座污水处理厂，垃圾无害化处理率达到89%。清理腾退高耗能、高耗水、高污

染企业，积极发展循环经济，万元 GDP 能耗、水耗持续下降，全年空气质量达到二级和好于二级的天数提前达到市政府指标要求。

改革创新取得新突破。按照"机制新、活力大、效率高"的要求，积极推进大兴区和北京经济技术开发区行政资源整合，实现多方面对接融合，"1+1>2"的效果充分体现。组建经信委、人力社保局，成立综合行政服务中心、产促局等单位，进一步理顺机构功能，优化审批流程，提高管理效率和水平。深化国有资产监管和国有企业改革，规范政府融资平台建设。有序推进农村集体产权制度改革，成立全国首个农村金融综合改革试验区，成为全市新型农村金融机构起步最早、数量最多、种类最全的区县。

过去的五年，是复杂多变极不平凡的五年，更是取得前所未有辉煌成就的五年。"十一五"时期创造了巨大的物质财富和宝贵的精神财富，谱写了辉煌的新篇章，为未来发展奠定了坚实的基础。

二、发展环境

新区正处于新一轮科学发展的关键阶段，国内外环境为新区经济社会发展带来了历史性的机遇和挑战。

（一）机遇方面

后金融危机时代的变革为新区发展提供了良好的外部环境。国际金融危机引发全球政治经济格局深刻调整，和平与发展仍然是时代主旋律；国内加快转变经济发展方式，实施经济结构战略性调整，全面建设小康社会。未来五年，国家仍然处于大有可为的重要战略机遇期，将继续推进区域发展战略，规划实施京津冀区域发展的新蓝图。北京将全面实施"人文北京、科技北京、绿色北京"战略，加快推进中关村国家自主创新示范区建设，大力发展南北两个产业带，力争率先形成创新驱动的发展局面和城乡经济社会一体化新格局，为建设中国特色世界城市奠定坚实的基础。

国家加快培育和发展战略性新兴产业为新区产业发展指明了方向。战略性新兴产业已成为各国抢占新一轮发展制高点的重大战略，加快培育和发展战略性新兴产业对我国全面建设小康社会、实现可持续发展具有重要战略意义。新区作为南部高技术制造业和战略性新兴产业聚集区，承担着发展战略性新兴产业、做强首都实体经济的重任。

国家重大基础设施项目落地为新区快速崛起提供了难得的机遇。首都新机场建设将极大带动新区的产业化和城镇化进程，使新区成为首都未来的洲际综合型交通枢纽，在对外开放和区域合作中的连接作用更加突出。

首都功能布局调整为新区实现超常规、高水平、跨越式发展提供了强大动力。市委、市政府积极推进大兴区和北京经济技术开发区行政资源整合，明确以整合后的空间资源为依托建设南部高技术制造业和战略性新兴产业聚集区，打造"北京创造"品牌，对新区未来发展提出更高要求，给予更大支持，寄托更高期望。北京市全面实施城南行动计划，基础设施建设向城市南部地区倾斜，中心城区功能向新城疏解，为新区加快发展提供了重要契机。

总体判断，"十二五"时期是新区按照科学发展观要求，加快转变经济发展方式，实现超常规、高水平、跨越式发展的重大历史机遇期。

（二）挑战方面

国际金融危机的不利影响仍未消除。全球经济发展呈现明显的"后危机"特征，经济复苏缓慢而曲折，发达国家进口减少，全球贸易保护主义抬头，资源、能源、技术、标准等领域的竞争更加激烈，国际环境复杂多变。

国内加快转变经济发展方式的要求更加紧迫。抓住和用好重要战略机遇期，巩固和扩大应对国际金融危机冲击成果，促进经济长期平稳较快发展和社会和谐稳定，为全面建成小康社会打下具有决定性意义的基础，要求我们必须增强机遇意识和忧患意识，深入贯彻落实科学发展观，更加注重以人为本，更加注重全面协调可持续发展，更加注重统筹兼顾，更加注重保障和改善民生，促进社会公平正义，切实提高发展的质量和效益。

未来五年是新区发展的黄金期，必须始终保持旺盛的热情和清醒的头脑，深刻认识新区发展面临的难题：经济总体实力和核心竞争力还需增强，产业结构优化升级任务仍然艰巨，科技创新能力有待进一步提高；统筹城乡发展的力度还需加大，社会变迁过程中出现的"三农"新问题亟待解决，城镇规划建设管理水平还需提高；公共服务和社会管理水平需要进一步提升；促进经济社会和人口资源环境协调发展，提高可持续发展能力还需付出艰苦努力；体制机制还需要进一步创新突破。

综合分析，新区发展面临的机遇大于挑战，在新的更高的起点上，新区

迎来了大发展、大跨越、大有作为的重大历史机遇期和发展黄金期。我们要切实增强责任感和使命感,坚定信心、振奋精神、抢抓机遇、奋力拼搏,实现新区经济社会又好又快发展。

三、发展战略

(一) 指导思想

"十二五"时期,新区发展的指导思想是:高举中国特色社会主义伟大旗帜,以邓小平理论和"三个代表"重要思想为指导,深入贯彻落实科学发展观,以科学发展为主题,以加快转变经济发展方式为主线,按照"人文北京、科技北京、绿色北京"战略和向中国特色世界城市迈进的要求,突出跨越发展,突出创新驱动,突出民生为本,突出绿色保障,走一体化、高端化、国际化道路,建设宜居宜业和谐新大兴。

(二) 总体定位

新区是北京市"十二五"时期重点关注和发展的地区之一,是以高技术制造业、战略性新兴产业和高端服务业集聚发展为特征的产业区域,是未来承载国家重大项目、承担首都重要功能、承接中心城人口和功能转移、辐射并带动京津冀区域发展、具有国际影响力的战略增长极。

"十二五"时期,新区的总体定位是:战略产业新区、区域发展支点、创新驱动前沿、低碳绿色家园。

战略产业新区是指从北京市赋予新区的产业功能出发,强化北京经济技术开发区的产业发展主体平台地位,提高辐射带动能力,努力发展成为高技术制造业和战略性新兴产业聚集区。

区域发展支点是指从国家推进京津冀区域统筹发展出发,发挥新区"承上启下、连接两端"的区位优势,使新区成为区域发展的重要枢纽和支撑。

创新驱动前沿是指从转变发展方式、转换发展动力、突破发展瓶颈、化解突出矛盾的需要出发,按照"机制新、活力大、效率高"的要求,先行先试,锐意创新,探索与促进自主创新、科技成果转化及产业化、战略性新兴产业培育、城乡一体化发展相适应的体制机制。

低碳绿色家园是指从绿色经济、可持续发展理念出发,引导建立和完善绿色生产体系、绿色消费体系和绿色环境体系,以点带面,覆盖全区,建设

宜居宜业的绿色家园。

（三）发展原则

坚持跨越发展。坚持把经济结构战略性调整作为加快转变经济发展方式的主攻方向，大幅度提升产业集群度，着力增强经济发展内生动力，提高经济增长质量和效益，建立起科技引领、内生增长的发展模式，实现经济总量和发展质量的跨越。

坚持创新驱动。坚持把体制机制创新作为加快转变经济发展方式的强大动力，坚持把科技进步和创新作为加快转变经济发展方式的重要支撑，创新行政区和功能区的管理体制和运行机制，创造科技成果向产品转化的良好环境，建设能够激发创新活力、促进科技成果转化及产业化的创新驱动引领区。

坚持民生为本。坚持把保障和改善民生作为加快转变经济发展方式的根本出发点和落脚点，通过政府引导和市场调节，努力建设民主法治健全、公共服务完善、保障体系完备、社会安全稳定、生态环境良好、邻里互助友爱、居民生活幸福的宜居宜业新大兴。

坚持绿色保障。坚持把建设资源节约型、环境友好型社会作为加快转变经济发展方式的重要着力点，继续提升生态建设水平，加大节能减排、环境保护力度，大力发展绿色经济和循环经济，高水平建设低碳绿色家园。

（四）发展目标

未来五年，新区的发展目标是：经济继续保持又好又快发展，经济总量和发展质量实现新跨越，创新驱动成为重要支撑，高技术制造业和战略性新兴产业在首都实体经济中的支柱地位初步形成，成为打造"北京创造"品牌的主力军。城乡一体化格局基本形成，新农村、新市镇和新城规划建设管理水平显著提升，城镇居民和农民收入普遍较快增加，搬迁村农民长远利益得到有效保障，覆盖城乡的社会保障体系进一步完善。基本公共服务均等化程度明显提高，社会管理和服务体制更加完善。生态环境建设取得新进展，生态服务价值进一步提高。新区文化软实力明显提升，民主法制更加健全。与新区发展相适应的体制机制不断完善，改革开放日益深化，国际影响力更加显著。

上述目标的核心是经过未来五年的科学发展，基本实现一体化、高端化和国际化。

一体化，就是要加大统筹发展力度，坚持一体化规划、建设和管理，形成城市与农村经济社会发展一体化新格局，实现行政区与功能区、新城与新市镇、经济社会与人口资源环境一体化协调发展。

高端化，就是要加快转变经济发展方式，大力发展高端、高效、高辐射产业，增强自主创新能力，打造一批"北京创造"品牌，提高资源能源利用水平，实现产业集约、集聚、循环发展，全面提升产业竞争力，高水平建设南部高技术制造业和战略性新兴产业聚集区。

国际化，就是要紧跟北京向中国特色世界城市迈进的步伐，扩大对外开放，加强国际合作，集聚国际优质要素，提高国际服务能力，努力建设具有国际水平和国际影响力的新区。

第二章　产业发展

指导原则：走创新驱动、内生增长的道路，实现经济总量和发展质量的新跨越，着力提高产业竞争力、自主创新力、国际影响力和环境承载力。

发展目标：引导形成高端、高效、高辐射的十大产业集群，构建"一区六园"为载体的产业发展平台，成为首都战略性新兴产业引领区、高技术制造业核心区、体制机制创新先导区和低碳绿色发展示范区。

一、调整产业结构

坚持"优化一产、做强二产、做大三产"的发展思路，重点发展高端、高效、高辐射产业，引导产业集约、集聚、循环发展，确立高技术制造业和战略性新兴产业的领先优势。

（一）优化三次产业结构

适应后工业化时期产业融合发展趋势，以科技进步和创新为重要支撑，引导三次产业集约、集聚、循环发展，发挥产业之间关联发展的放大效应。

战略性调整农业结构。加快都市型现代农业发展，突出新区农业的生态功能、城市应急保障功能、科技示范功能和体验功能，与新区快速城市化、产业化进程中的各类需求和资源约束相适应，优先发展环境农业、高效农业

和特色农业，引导设施农业、观光农业和体验农业等有传统优势的服务型农业向高新技术、名优品牌方向发展，促进农产品绿色种植、绿色加工和高效流通。提升现有标准化农产品基地和观光园水平。发展农民专业合作组织，深化农村集体经济产权制度改革，鼓励农业规模化经营，支持符合条件的农业企业上市。通过战略性调整，实现农业与二三产融合发展。

全面提升高技术制造业和战略性新兴产业的综合实力。以北京经济技术开发区为产业发展主体平台，以"北京亦庄"为产业发展统一品牌，突出创新驱动和低碳绿色的新区产业特点，重视产业发展的质量和效益，大力发展高技术制造业，加快培育战略性新兴产业，引导产业集约、集聚、循环发展，重点引进和培育规模大、潜力大、贡献大的高端优质项目，高标准、高水平建设南部高技术制造业和战略性新兴产业聚集区。

培育发展面向生产、科技创新和生活的服务业。与一产、二产的发展需求相适应，积极发展金融服务、信息服务、商务服务、工业设计服务、流通服务等生产性服务业，科技研发服务、科技信息服务、科技金融服务、科技商务服务等促进科技成果产业化的科技创新服务业，以及商贸服务、电子商务服务、旅游服务、文化服务、社区便民服务、养老服务、健康服务等有利于保障和改善城乡居民生活、提升公共服务功能的生活服务业，鼓励发展服务外包业。

服务民生、促进消费，加快建立与新城、新市镇、新农村居民不断提高的物质文化生活需求相适应的现代商业体系。不断提升宜居品质，提高服务水平，形成现代商业中心和社区便民超市、高端品牌专营和普通日用百货、网上电子商城和网下实体店铺布局合理、共同发展的现代商贸服务体系，配套发展流通服务业。引导房地产业健康发展，调整房地产供应结构，大力推进保障性住房建设。

加快国际化进程，实行更加积极主动的开放战略，以开放促产业发展、促服务水平的提高和投资环境的改善。积极扩大利用外资规模，引导外资投向重点发展的产业和园区，着力提高利用外资水平，通过引进外资实现引进先进技术、现代管理和高端人才。优化和改善出口结构，巩固高新技术产品和农副产品的出口优势，扩大生物医药和文化创意产品的出口比重。发展服

务贸易，形成出口特色，增强国际竞争力。

建设"智慧大兴"，以信息化提升三次产业水平，推进信息技术的深度应用，促进信息资源的开发利用。

（二）重点发展十大产业

加快发展高技术制造业、战略性新兴产业和高端服务业，增强产业发展持续性、产业体系集群性、产业组合协同度，培育一批有影响力的"北京创造"品牌，发挥产业链龙头企业带动作用，形成若干个千亿级和百亿级产业群。

重点发展四大主导产业、三大新兴产业和三大支撑产业，形成十大产业"四三三"发展格局。

巩固提高四大主导产业：

电子信息产业。以构建移动通信、数字电视、集成电路三个千亿级产业集群为重点，推进星网工业园、移动硅谷产业园、数字电视产业园、中芯微电子产业园持续升级。积极培育发展物联网、智能电网、下一代互联网等新兴行业，形成以移动通信、数字电视、集成电路、网络通信、计算机、物联网、云计算等为多极支撑的电子信息产业格局。

生物医药产业。坚持研发创新、高端制造和流通服务并进，打造以生物医药、中药、化药、医疗设备等为主导，检验检测、流通、服务与健康管理为辅助的产业格局。积极引进国际知名生物工程和医药企业，加快培育本土企业。大力发展以疫苗、蛋白药物为重点的生物医药，推进中药新品种、中药保健品等现代中药以及基本医疗器械、生物医用材料等行业，加快发展研发外包（CRO）、委托生产（CMO）等新兴业态。

装备制造产业。以推进产业集聚、完善配套体系、促进两化融合为主线，着力推进跨区域产业互动，打造面向战略性新兴产业、城市化与民生发展的高端装备制造体系，中国"高端化、特色化、协同化"的装备制造产业聚集区。重点发展以高速动车组、城市轨道交通车辆等为主的轨道交通装备，以化工、医疗器械等为主的专用设备，以变压器、开关控制等为主的电气机械及器材，以光学仪器、传感标准用计量仪器等为主的仪器仪表及文化、办公用机械。

汽车制造产业。以打造品牌和技术双领先的汽车产业集群为目标，增强汽车产业链协同程度，大力实现汽车制造、研发、生产三大领域的跨越发展。加快发展中高档乘用车、新能源汽车等整车制造，动力系统、汽车电子等核心零部件制造以及电动汽车动力系统等方面。培育自主开发能力，形成有较强竞争力的电动汽车以及关键零部件工业体系。鼓励汽车服务产业发展，加快研发、设计、展示、销售、金融保险、物流等融合型服务业发展。率先投放电动汽车充电站、加氢站等基础设施。

加快培育三大新兴产业：

新能源和新材料产业。着眼北京建设世界城市和能源结构调整的战略选择，发挥首都新能源产业技术研发、高端装备制造、技术服务等方面的领先优势，聚焦发展以风电、太阳能光伏、绿色电池、LED为主的新能源产业，以满足航空航天需求的高性能结构材料、化工新型材料、光电子材料、生物材料为主的新材料产业，不断延伸产业链条，建设北方绿色能源创新中心和高端制造基地，具有国际先进水平的新材料技术成果转化及产业化平台，实现技术经济规模化和产业化发展。

航空航天产业。推进军民结合，发挥首都新机场的带动作用，利用国防科研单位和军工企业总部集中的地位优势，重点吸引航空航天领域的研发机构和总部，培育以航空技术应用、航空服务、通用航空、航空电子为主的航空航天产业，以反恐维稳装备、安保安防装备、医疗救援装备、城市管理与应急救援为主的应急救援装备产业。加强国防科技工业与民用工业在规划、政策上的协调衔接，着力推进军民用技术双向转移。

文化创意产业。依托国家新媒体产业基地，以"星光电视节目制作基地"为发展平台和先导，汇聚影视制作各环节企业，重点发展以数字信息技术支撑的新媒体产业，延伸发展影视制作、创意设计、出版印刷、动漫网游等产业，培育发展文化旅游业及文化休闲体育业，成为集"媒体总部、影视文化、体验旅游"为一体的综合性文化创意产业集聚区。

配套发展三大支撑产业：

生产性服务业。依托地铁沿线五大生产性服务业集聚区和产业基地，重点发展金融服务、信息服务、商务服务、工业设计服务和现代流通服务等生

产性服务业。加快培育面向战略性新兴产业的产业金融发展、面向城乡统筹的农村金融改革。鼓励工业和创意结合，积极发展工业设计产业。以首都新机场规划建设和物联网推广应用为契机，高标准发展现代物流产业。

科技创新服务业。按照"多功能、全流程、高端业"的发展定位，大力促进面向科技创新的新兴服务业态，加快建设"四大板块、三大组群"，培育科技研发服务、科技金融服务、科技信息服务和科技商务服务，扶持孵化器、产业化基地和工程技术平台的专业化和综合化发展，打造成为面向环渤海科技创新服务领航区。

都市产业。以形成具有品牌影响力的现代都市产业群为目标，重点发展都市型现代农业、都市特色工业和都市服务业。都市型现代农业在设施农业、观光农业的基础上向环境农业、高效农业、特色农业及与农产品加工和流通业融合方向发展，都市特色工业在印刷包装、服装、食品加工等基础上向品牌总部、低碳绿色方向发展，都市服务业在体育休闲、家居服务、都市商业基础上向品质化、便民化、网络化方向发展。

都市型现代农业：应用现代农业科技手段，大力提升技术含量和品牌价值，着力开发农业新功能，积极发展环境农业、高效农业、特色农业，重点发展以经济林产业、花卉产业、籽种产业、观光休闲农业、科普体验农业、数字农业和农产品加工配送业为主的都市型现代农业，促进农业向高端、高效、生态、创意方向发展，实现农业产业结构的战略性调整。

都市特色工业：与市场需求和发展要求相结合，优先引进具有国际或国内影响力的品牌企业，引导扶持区内品牌企业做大做强，发展低碳绿色工业，淘汰高耗能、高耗水、高污染的低端都市工业。

都市服务业：以保障和改善民生为出发点和落脚点，建设与城乡发展、产业发展适应的现代商业服务体系，优先发展社区便民服务、养老服务、社区商业和电子商务服务，加快镇村商业网络化、便利化、城市化发展，在新城规划建设综合高品质的商业中心、交易中心和会展中心，在永定河绿色生态发展带、南中轴沿线发展带和庞安路沿线布局发展高端体育休闲和生态旅游产业。

引导都市型现代农业、都市特色工业和都市服务业融合发展。

二、优化空间布局

以北京经济技术开发区为新区产业发展主体平台，提升北京经济技术开发区产业承载能力。在集约增效的基础上，整体拓展、分期实施，积极拓展新区产业发展空间。坚持高标准、高水平和适度超前，大力提高基础设施和公共服务设施水平。统一品牌、统一标准、统一政策、统一服务，加强生物医药、新媒体、新能源汽车、军民结合、生产性服务业、新空港六大产业园的规划建设，形成"一区六园"的产业发展格局。

（一）做大做强开发区

以做大做强开发区为主要任务，坚持创新驱动、高端引领，结构优化、特色突出，循环集约、绿色发展，内外并举、区域协作，继续发挥建成区主导产业带动优势，推进协作配套区的开发建设，完善配套服务功能，提升发展质量和实力，在打造"北京创造"品牌中发挥主体作用。

突出产业集群，做强开发区中心区。发展壮大电子信息、装备制造和汽车制造等主导产业，大力培育光伏、风电等新能源产业，同时积极发展生产性服务产业。以星网工业园的运作方式组建移动硅谷产业园、数字电视产业园，推动完善奔驰汽车产业园、风电产业园、中芯微电子产业园建设。加快12平方公里新扩区土地一级开发，推动 LED 产业园建设。加快推进开发区中心区向东南方向继续拓展。通过产业集聚发展模式打造若干个千亿级和五百亿级产业集群。

推进功能整合，加快建设周边配套区。对旧宫镇、瀛海镇和南海子公园等开发区周边区域进行功能配套整合。旧宫镇定位为企业总部、商务服务、开发区配套生活消费区；瀛海镇定位为企业研发机构聚集区、科技创新服务业、文化创意产业聚集区；南海子定位为生态旅游、商务休闲、文化创意、会议展览、主题活动区。

（二）建设六大专业园

以"北京亦庄"为总体品牌，按照"四个统一"的原则，引导产业向专业园区聚集发展，重点建设生物医药产业园、新媒体产业园、新能源汽车产业园、军民结合产业园、生产性服务业产业园、新空港产业园六大特色专业园。

生物医药产业园。以大兴生物医药基地为载体，以国家检定检测权威机构为依托，重点发展生物制药、医疗器械、现代中药，推动创新药物及高端仿制药产业化，带动健康服务等区域特色产业，建设集研发、制造、销售、服务为一体的现代化生物医药产业聚集区，加快推进生物医药国际企业花园、现代中药产业园、北京医疗器械产业园、生殖健康产业园、蛋白药物产业园、国家复合复方药基地、国家药物标准品生产基地、全国药品电子交易平台暨中小企业流通服务中心等一批标志性项目，构建"十二五"时期北京生物医药产业发展的龙头区域和产值增量的主要载体。

新媒体产业园。以国家新媒体产业基地为核心，重点发展新媒体产业、影视制作、动漫网游、创意设计等产业，加快推进星光影视园二区、新华社新华网新媒体产业基地、北京大学新媒体产业园等一批重点项目。积极举办时尚服装发布、电影新片发布、电影电视节目首映、数字多媒体技术体验等多种活动，增强园区的品牌影响力。

新能源汽车产业园。以采育经济开发区为依托，重点发展新能源汽车、汽车零部件等产业，加快推进北汽控股新能源汽车、北京普莱德新能源电池等重点项目，建设技术领先、链条完整、规模集聚的新能源汽车研发和生产基地。

军民结合产业园。以北京经济技术开发区近期拟拓展区为依托，以重大产业项目为带动，积极发展通用航空设备、航空电子、智能装备、新材料等产业。加快引进中航工业集团、中航科技集团、中航科工集团、中国兵器集团等央企重大项目，汇聚企业总部和研发机构，争取建设成为国家级军民结合产业示范基地。

生产性服务业产业园。依托地铁大兴线和亦庄线，采取轨道交通与新城发展相结合的模式，重点发展金融服务、研发设计、软件和信息服务、商务服务等产业，促进工业设计、新型和中小型金融机构在地铁沿线集聚发展，加快宜家购物中心等一批重点项目建设。

新空港产业园。在首都新机场两侧规划发展航空企业总部、空港服务业、空港物流、商务会展、高技术制造等产业。创新区域合作机制，优化产业链布局，促进区域融合发展。

三、转变发展方式

着力提升城市承载能力和产业服务能力，建设优质的产业发展硬资源和软环境，鼓励自主创新，加强科技成果转化及产业化，促进产业集约、集聚、循环发展。

（一）创新驱动

围绕"创新驱动前沿"的功能定位，全面实施科技强区战略，强化企业创新主体能力、创新平台支撑能力和创新创业服务能力建设，深化与央企及研发机构的合作，推进国家科技重大专项和重大科技成果转化及产业化项目，加快"北京创造"品牌建设。推进科技创新系列工程，打造一批具有创新引领作用的"大旗舰"企业，孵育一批创新型、成长型"小巨人"企业，建设一批国家重点工程实验室、工程技术研究中心，加强行业共性技术研发平台、资源共享平台及服务平台建设，加快智慧、低碳、绿色科技建设，实施知识产权和技术标准战略，完善科技投融资服务体系，健全多元化科技创新中介服务体系，加快创新文化建设。

（二）集约发展

挖掘现有土地潜力，通过腾退落后产能，建设标准厂房，回购闲置厂房，腾退、置换、整合零星产业用地等方式提高土地利用水平。严格供地管理，提高项目准入标准，坚持以项目定土地、以投资定面积的原则，完善土地集约利用评价指标体系，发挥市场对土地资源配置的基础性作用。加大对企业开展节能减排、能源替代、再生水使用等方面的引导支持力度。确保全区规模以上工业企业实现大气和水体的主要污染物达标排放。强化环保审批和监管，严格依照环保政策和清洁生产原则对项目落户进行环境评价，对生产运行过程进行持续监测和监督。

（三）集聚发展

引导产业向园区集中，优化配置资源，合理布局项目，以加快培育产业集群。重点引进龙头企业和重大项目，围绕主导产业的特点改善提升产业园区的共性服务，带动和吸引上下游配套企业及各类生产要素集聚。推进制造业企业服务化转型，支持制造业企业实施服务化战略，鼓励发展农产品深加工和流通服务，促进农业与二三产业融合发展。

（四）循环发展

通过提高资源能源再利用水平，发挥新能源新材料的替代作用，发挥全市节能减排的引领示范功能。实施循环经济技术开发和应用示范工程，促进高能效、低排放的技术研发和推广应用。建立循环经济的关键技术和共性技术创新体系，构建高端产业生态链。建立循环经济促进政策体系，完善有利于可持续发展的融资机制和激励措施，引导行业和企业形成资源共享、循环利用和产品互换的产业合作共生关系，实现区内资源消耗减量化和循环化。构建完善区内废物循环体系、物质能量优化利用体系和水生态基础设施，提高资源利用效率和效益。

第三章　城市化和城乡一体化

新时期：快速推进城乡经济社会一体化的跃升期。

新目标：加快完成快速产业化、城市化进程中的社会转型，形成城乡统筹发展的新格局。

一、总体布局

持续完善"三城、三带、一轴、多点、网络化"的新区空间总体结构。

高标准规划建设新城，提高新城形象品质。推进亦庄新城和大兴新城的发展，结合新航城规划建设，形成东西南呼应格局，打造功能互补、联动发展、国际化承载能力显著提升的新城群。加快"三带"建设，依托京津塘高速沿线发展带、京开高速沿线和永定河绿色生态发展带、南六环沿线发展带，构筑连接天津、河北和北京南部地区的区域发展走廊。南中轴以"生态绿轴、文化中轴"为功能定位，在保护南中轴的基础上，打造以生态涵养和文化创意为主体的中部发展带。有序推进"多点"格局，以城镇和产业功能区为节点促进人口和产业在空间上集聚。通过基础设施、产业设施等合理布局，实现区域内城、带、轴、点的有机衔接和紧密配合。

二、城镇功能

按照"一城一核，一镇一品"的功能定位，促进区域差异化、协同化、融合化发展。

（一）三城

亦庄新城：北京重点发展新城之一。引导发展电子信息、生物医药、装备制造、汽车制造、航空航天等产业，以及商务、物流等功能，积极推动开发区向综合产业新城转变。在空间布局上，由亦庄、采育及中间地区组成，在北京经济技术开发区现状基础上，向东南方向发展，未来与采育连接一体，并不断完善城市综合服务功能。

大兴新城：北京面向区域发展的重要节点，在首都发展中具有重要的战略地位。引导发展生物医药、文化创意、生产性服务业、科技创新服务业和都市产业，以及商业、流通、文化、教育和政府服务等功能。空间上重点向西发展，同时应建设和保护好南中轴沿线地区的绿色开敞空间，重点建设南中轴森林公园。

新航城：与首都新机场建设同步配套发展，定位为首都未来的洲际综合型交通枢纽。积极部署新航城规划建设，制定新航城和新空港经济区发展规划。加快实施首都新机场选址区域水、电、气、热、信息传输基础网络等市政基础设施以及道路、环保、卫生、体育、文化、科教等公共服务设施建设。带动高端产业集聚，提升国际化水平，增强辐射带动能力。

（二）四镇

加强庞各庄、魏善庄、安定和采育四个新市镇建设，因地制宜建设成为高标准、现代化、特色化的新市镇，辐射带动周边农村实现城镇化。重点加强基础设施建设，突出提高职住融合能力，缓解城区压力。

庞各庄镇：依托永定河绿色生态发展带，在西甜瓜等特色农业基础上发展体育休闲、会议度假、都市工业设计和新材料等新兴产业。大力推进北京国际体育休闲及会展中心建设，积极发展以科宝博洛尼等重点企业为龙头的都市工业设计产业，促进以传热新材料为龙头的战略性新兴产业集聚发展，加快推动中坤网校、龙熙顺景（二期）、高等教育出版社等重点工程建设。进一步保护和提升北京大兴西瓜节品牌优势，打造精品农业基地、景点旅游景观、休闲购物度假中心，建成现代化休闲特色小镇。

魏善庄镇：加快南中轴路延长线两侧的生态、文化建设，打造成为首都重要的生态轴和文化轴。发挥新媒体产业园的龙头作用，大力发展以文化创

意为主导的新的文化和产业形态，促进文化和产业融合发展。探索新型发展模式，加快城乡一体化示范区建设步伐，大力发展现代服务业。整合农业和农村文化资源，努力建设北京都市农业休闲文化生活圈。着力改善生态环境，建设生态宜居示范镇。

安定镇：着眼未来京台高速沿线发展带和开发区扩区，发展观光农业、生态旅游和特色工业。加快古桑国家森林公园开发建设，形成以桑为特色的观光休闲旅游产业带。持续提高籽种农业、设施农业、畜牧养殖业和特色种植业的比重，促进农民增收，建成高端化农业特色小镇。发挥北京精细化工基地龙头作用，引进科技含量高的就业吸纳型企业，做大做强精细化工产业。

采育镇：围绕新能源汽车产业园，加快发展新能源汽车及其零部件制造业，配套发展相关产业。加快推进北京汽车零部件产业基地建设，搭建北京汽车零部件统一发展平台，打造服务北京、辐射全国的汽车零部件产业集群。发展葡萄观光采摘、天然温泉度假、马术表演等休闲服务产业，形成区域品牌特色。

（三）南中轴

围绕"生态绿轴、文化中轴"的定位，对南中轴实施保护性开发，打造以生态涵养和历史文化为特色的功能轴线。规划发展文化创意产业和临空经济，优先保护生态空间和团河行宫等文物，建设首都中部生态涵养和文化创意发展区。规划性保护南中轴，大兴新城控制在首都新机场高速路以西，东部发展带联络线以北；亦庄新城控制在京台高速以东。

（四）网络化

加快亦庄新城、大兴新城和新航城相互联系的公共基础设施建设，形成网络化、一体化发展新格局。逐步构建城、镇、村、产业园区通过市政网、互联网、电信网、广电网、物联网实现"智慧大兴"信息化管理体系。完善信息化基础设施建设，提高电信、有线网络、邮政设施、社区公共设施的综合服务能力。积极推动下一代移动通信网络建设，建立先进的信息网络基础设施，完成村村通光缆、户户通宽带的建设目标。完善邮政设施网络，提升服务能力。

三、城乡一体化

（一）总体目标

城乡一体化与改善民生相结合。巩固和提高社会主义新农村建设的成果，加大农村基础设施和新型农村社区建设力度，扩大农村基本公共服务覆盖范围，探索撤村转制和旧村改造新模式、新途径、新办法，通过村庄改造转移一批、新城和重点镇建设吸纳一批，引导农民有序向新城、镇区转移，逐步削减自然村和行政村数量，加快农村城市化和农民市民化发展进程，力争在"十二五"末城市化率达到80%，实现由传统农业大区向现代产业新区转型。

（二）新农村建设

坚持把解决"三农"问题作为工作重中之重，坚持工业反哺农业、城市支持农村和多予少取放活方针，加大城乡统筹发展和强农惠农力度，建设农民幸福生活的美好家园。加快发展都市型现代农业，探索环境农业、高效农业和特色农业的发展模式，引导鼓励农业与二、三产业融合发展。规范农村土地承包经营权和农村集体建设用地使用权流转，深化集体经济产权制度改革，鼓励规模化经营，发展壮大集体经济。按城市的标准建设新型农村社区，城市基础设施向农村延伸对接，城市管理向农村延伸拓展，基本公共服务和社会保障向农村延伸覆盖，生产生活社会服务网络向农村延伸发展。

（三）措施途径

坚持"把握重点、有序推进"的原则，分类型、多层次全面推进城乡一体化，通过城南行动、首都新机场、开发区扩区等重大基础设施建设以及重大产业项目布局带动城乡一体化进程，构建"新城—新市镇—新型农村社区"的城乡一体化新格局。

北部地区加大综合整治力度。细化城中村整治方案，合理划分城中村整治及预防重点区域，按照拆除一批、改造一批的原则，逐步减少城中村现象。开展城市老旧小区的改造或拆建。将道路、排水、绿化、供水、燃气、供电、电信、邮政纳入城中村和老旧小区改造计划。探索"一户一处"宅基地清理新模式和土地收益分配新机制。建立群众举报和定期巡察相结合的预警体系，力争做到"早发现、早处理、早解决"。

中部地区加强土地集约利用。实施城镇用地利用效率挖潜措施，置换利用效率低的土地；研究制定激励机制，让集约用地水平高的企业真正得到实惠，促使低效用地单位主动退出土地；鼓励已落户企业在不增加土地占用的情况下通过自主创新、增资扩股、对外合作等方式实现新的发展。

南部地区加快城乡一体发展。科学制定新航城总体规划，通过首都新机场等重大基础设施项目的辐射带动效应，加快城市基础设施向农村延伸、城市公共服务向农村覆盖，实现南部地区的快速跃迁转型。

（四）"四有"保障

在城乡一体化进程中，建立搬迁村转制工作新模式，形成一套完善的保障搬迁村农民长远利益的长效机制，确保安置就业有岗位、经营增收有资产、稳定生活有保障、服务管理有组织。

安置就业有岗位。突出政府主导、农民主体地位，强化就业指导服务功能，完善就业托底安置机制，实施培训就业奖励政策，培养农民树立正确的就业观念，确保安置就业有岗位。建立大项目就业岗位沟通机制和跟踪服务制度。启动青年创业扶助项目。增强农民在安置和就业等环节的全流程服务，重点加强农民向二、三产业转移的培训力度，提高农民转移就业能力。深化城乡就业协作，建立纯农就业家庭就业援助制度。加大农民创业扶持力度。

经营增收有资产。完善集体资产经营管理制度，推广资产经营、集中理财、公司运作、商业参股等模式，做大做强集体资产，确保经营增收有资产。按照"产权主体、界限划分、债权债务、处置政策四明确"的原则，科学确定集体资产产权，深化资产股份合作改革。通过集中归并、资产量化、统一经营等形式，实现集体资产产权变股权、农民变股东，确保集体与农民的长期收益。分类制定集体资源、资产、资金管理制度，实现集体"三资"管理的制度化和规范化，维护好农村集体和农民个人的合法权益。探索资产管理模式、集中理财模式、产业升级模式、公司运作模式和商业参股模式，实现资产变资金、资金置资产、资产出效益。

稳定生活有保障。建立健全社会保障体系，完善搬迁村社会保障政策，建立富余回迁房集中托管机制，确保稳定生活有保障。整合城镇和农村各项

社会保险制度，建立健全城乡养老和医疗全覆盖、有效衔接、机制灵活的一体化社会保障体系。完善城乡社会低保救助机制，建立健全以最低生活保障为基础，以医疗、住房、教育、就业、司法、临时救助等为辅助的城乡一体化社会救助体系。

服务管理有组织。完善组织建设工作体系，发挥党组织核心作用，加强群众自治组织建设，发挥经济组织利益协调职能，充分挖掘社会组织服务居民功能，确保服务管理有组织。按照"职责明确、分工合理、优势互补、协调联动"的原则，建立起以社区党组织为核心、社区居委会为基础、社区服务站为依托的社区组织架构。充分重视从村委会到居委会的过渡安排，做到有序无缝衔接。以经济组织为主体，充分发挥经济组织建设加强集体资产的保值增值作用。依托基层组织对社情、民意的了解，逐步拓宽组织覆盖，不断完善组织功能。

第四章　基础设施建设

以城南行动计划、开发区扩区、产业园区基础设施建设和首都新机场等重大项目为重点，带动基础设施建设协同发展，全面提升新区综合承载能力和发展水平。

一、城南行动

（一）道路交通

进一步完善交通路网体系。以城南行动计划为契机，加大重大基础设施建设力度，构建立体、快速、便捷的交通体系，大幅度提升物流、客流、信息流综合服务能力。加快推进前瞻性交通基础设施建设，实现未来通行能力和人口承载预测结果均衡发展，对潜在重点拥堵点段采取前置性处理。丰富大兴新城、亦庄新城和中心城之间的交通联系，重点完成房黄亦路、芦东路、经海九路等项目建设。推进道路通行能力和综合通勤效率的并行提高，完善部分城市次干道、支路及支路以下道路组成的微循环道路交通网络。进一步提升居住社区与功能区的开放式路网密度，强化主干道体系和微循环体系的紧密对接，大力推进以机动车、轨道交通和自行车租赁点相结合的换乘中心建设。

改善升级交通运输基础设施。强化智能化交通综合治理。以轨道交通和地面快速公共交通为骨干，常规公共交通为主体，枢纽站、接驳站、换乘站、停靠站和候车亭为节点，加强各种客运交通方式间的衔接。围绕大型产业园区、学校医院、商场超市、居住社区建设，前期规划停车环境、公交出行等市政交通配套建设，预留充足空间。加快公交基础设施及城镇交通枢纽建设，扩建天宫院综合枢纽，实现区内轨道交通与各种交通方式无缝接驳和零换乘。完善各镇与开发区公交线网，大力实现新城间的交通快速连接，建设连接首都新机场—市区、新城—市区的快速交通网络，优化提升乡镇全覆盖的公交运营体系。加快推进孙村货运枢纽、采育货运场站、魏善庄货运场站等重点项目建设。同步增加和改造交通安全基础设施，保障道路交通安全通畅。

（二）资源能源

以加强城镇和产业园区基础设施建设为重点，进一步完善水资源、电力、天然气等基础设施建设，提升新城承载能力和产业承载能力。

加强水利水务基础设施建设。超前规划建设农田水利基础设施、城市供水系统、污水处理设施，提高再生水的使用比例和城市污水回收再利用能力。坚持"节水优先，治污为本，优化配置，循环利用"的原则，加强水源保护、雨洪利用、污水处理、再生水利用、村域园区供水、污泥处置的工程建设和管理力度，稳步推进供水管网配水干、支网的更新改造工程，有效提升区域水资源保护与利用能力。严格执行工业用水定额管理和水资源许可制度。构建跨区域的流域水质保护协调机制。重点建设新城的水厂及配套取水工程、净配水厂、配水管道等。采用新技术和创新举措，综合利用雨水补充地下水并提升蓄水能力。基本实现城市和村镇集中供水、污水集中收集处理。

强化能源基础设施保障。与新城、新市镇和产业园区建设发展的用电需求相适应，加强新区电网前期规划研究，适度超前规划电力走廊和变电站布局。加快电网升级改造工程，重点完成一批220千伏和110千伏输变电工程建设，推动主、配、农网均衡发展，配电网基本实现双环网结构。

完善区域管道天然气网络，围绕重点建设项目，保障燃气供应。逐步推

广城市集中供热，积极发展天然气、太阳能、地热等清洁能源和可再生能源供热，保障群众基本采暖供应。基本实现镇中心区集中供热和"镇镇通燃气"。

（三）民生项目

以解决人民群众最关心、最直接、最现实的利益问题为重点，实施一批教育、医疗卫生、文化体育等领域的民生工程。加快镇级中心小学改造，稳步推进中小学校舍抗震加固工程。加强区人民医院综合性区域医学中心建设，扩建同仁医院南区。加强社区公共文化服务设施建设。完成体育中心、五幼工程等建设。

实施老旧小区改造项目，通过墙面净化、地面洁化、道路硬化、垃圾处理化、庭院绿化，对老旧小区进行全面改造。完善老旧小区物技建防、规范小区保安配置。实施高清交互数字电视网络建设改造，推广使用高清交互数字机顶盒。

二、开发区扩区

在通过功能整合、集约增效、一区多园等途径提升北京经济技术开发区产业承载力的同时，根据北京城市总体规划和国务院批复精神，按照市委市政府做大做强开发区的要求，着力推进开发区向东南方向拓展。

延续亦庄新城规划"片区滚动生长、职住均衡发展、功能混合配置"的发展模式，优化"以业兴城、以城促业"的发展路径，采取"整体拓展，分期实施"的发展策略。

近期（2011~2012）启动并完成瀛海镇、青云店镇和长子营镇部分地域范围的拆迁扩区。同步开展生物医药产业园、新媒体产业园和新能源汽车产业园的扩区工作。

远期规划扩展至京台高速以东、大兴区界以西的全部地域范围，建设用地约215平方公里。

三、产业园区基础设施

按照城市、城镇与产业园区协同发展的要求，实施生物医药产业园、新媒体产业园等园区的扩区，前瞻安排交通路网、供水供电等市政设施建设。各镇园区完成腾退土地整理，达到"七通一平"的土地出让标准。完成生物

医药产业园二期、三期土地整理和东配套区道路市政建设。完成新媒体产业园龙发路北段、规划二路、规划三路北段道路建设。完成新能源汽车产业园扩区总面积10平方公里开发建设。完成生产性服务业产业园地铁大兴线、亦庄线沿线商住配套设施建设，商业办公建筑面积达到600万平方米，为项目入驻提供条件。

四、首都新机场

配合开展新机场建设，同步推进新航城建设。以新机场为核心，规划建设立体交通网络，建成空运、公路、铁路联动的南部综合交通枢纽。完成新机场规划建设范围内的征地拆迁和土地整理工作，推进道路和轨道交通建设，协调布局各类供电、供暖和供气管道，为远期发展留出接口，为新机场建设及新空港产业园入驻企业提供基本的设施保障。

第五章　公共服务与社会管理

顺应广大人民过上更好生活的新期待，更加注重统筹经济与社会协调发展，把改进公共服务、优化社会管理摆在更加突出的位置，使发展成果更好地惠及人民，建设宜居宜业和谐新大兴。

推进"智慧大兴"建设，不断完善信息网络基础设施，将信息技术应用贯穿公共服务与社会管理的各个领域，形成信息资源深度开发和充分共享机制，向社会公众提供便捷及时的信息服务，提高政府公共服务与社会管理水平。

一、就业

切实把促进就业作为新区快速城市化和产业化过程中急需解决的突出问题和重点任务，不断完善"四有"工作机制，拓宽就业渠道，持续提高技能素质，有效提升就业服务，建立健全产业升级与就业结构动态对接机制，保障经济社会持续发展。

（一）就业岗位

搭建多层次劳动力就业服务平台，拓展就业渠道。严格执行入区企业吸纳本地劳动力就业的各项政策，大力支持就业容量大的服务业、民营企业和中小企业发展。鼓励支持自主创业，加大资金扶持力度，推广创业项目，开

展创业培训，完善税收减免、小额贷款、社会保险补贴等扶持政策。合理开发公益性就业岗位，完善帮扶就业困难群体的政策措施，安置就业困难人员就业。加快人力资源公共服务机构建设，提升公共就业服务水平，发展人力资源服务行业，建设统一规范的人力资源市场。全面加强劳动合同管理，规范企业用工行为，建立健全覆盖全区的分类监控体系。

（二）就业培训

建立多元化就业培训体系，提高技能素质。鼓励劳动力参与培训定点机构提供的免费职业技能培训，加强自身职业技能素质的提高，促进其尽快实现就业。制定职业技能补贴或奖励办法，支持企业充分使用职工教育经费，开展岗前、在岗及专业技术等培训工作，提高劳动力技能素质。加强劳动监察执法力度，逐步推行特殊岗位就业的职业资格准入制度。

（三）就业服务

建立长效就业信息服务机制，提升就业服务。建立多部门联动的就业统计和信息沟通机制，完善人力资源市场信息网络及相关设施，健全人力资源市场信息服务体系，建立百家重点企业月座谈会制度。深化两区就业合作制度，制定征地转非劳动力就业安置暂行办法，在征地过程中同步解决转非劳动力的就业安置。推动形成多渠道、全方位的劳动争议案件监控、排查处理体系，提高劳动争议处理效率和能力。

二、社会保障

通过在社会保险、社会救助、养老服务、保障住房、特殊群体等方面持续完善和创新体制机制，保障社会安全稳定健康的发展。

（一）医疗保险

完善医疗保险体系，扩大医疗保险覆盖面。推进社会保障卡工程建设，完善社会保险基金监督体制机制。建立城镇职工、城乡居民两种社会保险制度相互衔接的基础平台，进一步解决部分农村应参保人口、农转非劳动力和城镇未参保居民的社会保障问题。开展柜面服务、网点服务、系统网络服务，优化社会保障信息服务系统。推进农村新型合作医疗、养老保险和最低生活保障制度建设，实现与城镇社保体系相衔接。规范企业参保，提高劳动力综合保险的覆盖面。

（二）社会救助

完善社会救助体系，构建基本生活保障体系。大力发展应急救助、法律援助、社会互助为补充的社会救助体系。扩大专项救助范围和标准，完善综合解困机制，加强最低生活保障与就业扶贫、灾害、助学、大病等专项救助的有机衔接。积极推动慈善事业发展。扩大社会福利彩票发行，支持扶老、助残、救孤、济困、赈灾等社会福利事业发展。形成覆盖城乡、更加完善的社会保障体系，初步实现"人人享有社会保障"目标。

（三）养老体系

建设养老服务体制机制创新区。完善以政府调控为指导、市场机制为手段、社区服务为保障的老龄产业管理体制。培育壮大老龄服务产业。依托社区服务体系，完善养老护理津贴和高龄老人照料补贴制度。引导民营组织通过建立老龄产业风险投资基金等形式，加大老龄产业发展的金融支持力度。开办公益性养老服务机构，探索民办公助和公建民营等多种运营模式，进一步鼓励社会力量兴办养老机构。

（四）保障性住房

大力推进保障性住房建设。坚持完善住房政策，加大资金投入力度，引导社会资金参与保障性住房建设。加大保障性住房土地供应，增强面向城市中低收入人群的住房保障，着力解决"夹心层"的居住问题。鼓励开发区和有条件的单位建设职工公寓和单位租赁房。推进旧区改造和大型居住区建设，探索房源有效循环利用机制。推进农村集体土地建设公租房，制定完善配租程序、租金标准、退出机制及后期管理办法。

（五）特殊群体关爱

着力保障特殊群体社保权益。完善区、镇、村三级特殊群体工作组织体系和服务保障体系。增加公益性社会服务项目，建立残疾人托养服务机构。支持社会力量兴办社会福利机构，开展面向老年人、残疾人、妇女儿童、孤儿、农民工子女等特殊群体的慈善公益活动。

三、教育

贯彻落实科教兴国战略，优先发展教育，推进教育改革与创新，促进各级各类教育优质、均衡、协调发展，基本普及学前教育，均衡发展义务教

育，促进普通高中特色发展，大力发展职业教育，加快发展继续教育，构建完备的终身教育体系，培育发展国际教育，支持民族教育和特殊教育发展，支持、推动区域内高等教育发展。

（一）学前教育

全面普及学前教育。明确政府职责，坚持"以公办园为主体和示范，以民办园为重要补充"的工作思路，合理规划和科学调整园所布局，加大新建居住小区配套学前教育设施的接收力度，积极采取新建、改建、扩建等方式，扩大学前教育资源总量，满足城乡地区普及学前教育的需求。加强对民办园的管理与扶持，规范民办园办学行为。健全幼师培养培训体系，提升学前教育干部教师队伍素质，提高保教质量。

（二）义务教育

高标准、高质量、有特色，优质均衡发展义务教育。继续推进义务教育学校规范化建设，深化课程改革，完善三级课程体系建设，提高课堂教学效率，减轻学生课业负担。规范学校办学行为，均衡配置教育资源，推进城乡教育一体化发展。提升义务教育质量，继续采取名校办分校、城乡手拉手、高校对口支援、托管制等方式，引进和扩大优质教育资源。按照以公办学校为主、以流入地政府为主的原则，保障进城务工人员子女平等接受义务教育。

（三）普通高中

优化高中教育资源，推进普通高中优质特色发展。深入推进普通高中新课程改革，提高教育教学质量。加大对学校特色课程和特色项目建设的支持力度，创新教育教学模式，积极推进特色高中建设。大力支持示范性普通高中建设，提高示范高中影响力。探索建立与普通高中优质特色发展相适应的考核体系和激励机制。

（四）职业教育

大力发展职业教育。主动适应区域功能定位和产业发展、结构调整的需要，科学设置和调整职业教育专业结构，推进职教联动、校企合作、订单培养的多元化人才培养模式，打造特色和品牌专业。推进北京建筑工程学院新校区、首都师范大学科德学院和北京新媒体技师学院建设，加快重点专业实

习实训基地建设，提升职业教育基础能力。加强具有职业教师资格证书和专业技能资格证书的"双师型"教师队伍和专兼职相结合的职业教育师资队伍建设。加快发展面向农村的职业教育，完善三级培训网络，建设城乡技能型人才职业教育培训中心，大力开展就业培训，提升就业水平和质量。

（五）继续教育

加快发展继续教育。更新继续教育观念，加快投入力度，依托社区学院、街镇社区教育中心（成人学校），构建起覆盖全区的成人教育网络。推进学习型社会建设，大力发展非学历继续教育，广泛开展城乡社区教育，促进社区教育项目化、社会化、制度化、品牌化。促进各级各类教育纵向衔接、横向沟通，大力开展现代远程教育资源，建设远程开放继续教育及公共服务平台。发展社会教育团体，鼓励图书馆、博物馆、活动中心等文化机构开展终身教育服务，打造家庭、社会、学校一体化的终身教育体系。

（六）国际教育

培育发展国际教育。按照国际化发展目标的要求，适应日益增长的国际化人才培养和境外来区工作人员子女教育的需求，全面扩大教育对外交流与合作，积极引入境外优质、品牌教育资源，在学前教育、中小学教育、职业教育、高等教育和继续教育等领域开展多层次、多方式、多内容的国际教育合作，形成国际教育资源的比较优势、品牌优势和质量优势。

四、医药卫生

落实属地责任，优化完善区域医疗卫生服务资源配置。不断探索医药卫生体制改革，完善服务体系，提高服务能力。强化公共卫生和基本医疗的公益性，最大程度满足不同人群、不同层次的医疗卫生服务需求，持续提高居民整体健康水平。

（一）公共卫生

持续优化区、镇、村三级公共卫生服务体系，有效发挥社区卫生服务等基层医疗卫生机构在疾病预防与控制、妇幼保健、精神卫生、老年卫生等方面的基础性作用。提高卫生监督执法能力，加强执法监管。加大重大疾病防控工作力度，强化对重大传染病的监测与处置。进一步完善院前急救网络。加强应急队伍建设，健全突发事件协调处理长效机制。深入开展爱国卫生运

动和健康促进活动，落实《健康北京人——全民健康促进十年行动规划》。加快公共卫生基础设施和组织机构建设。

（二）医疗卫生

构建完善的医疗卫生服务体系，加快推进区域医疗中心建设，优化专科医疗机构设置，整合镇级医疗卫生资源。在新城地区重点引进三级甲等医院，在新规划地区新建适宜的医疗卫生服务机构。按照属地原则，根据居民区分布情况，配套建设社区卫生服务机构。进一步健全区三级中医药服务网络，委托优质卫生资源管理区中医医院。加强专业医疗管理机构和队伍建设，提高各级医疗机构的服务水平。

（三）体制改革

积极探索医药卫生体制改革。强化公共卫生和基本医疗的公益性，进一步提高医疗卫生服务效率和效能。完善医疗机构管理和运行机制。以岗位设置和实施绩效管理为契机，加强医疗专业人员管理，强化卫生人才队伍建设，积极引进高级卫生人才，加大社区、农村基层医务人才培养力度。加快全区卫生人才教育基地建设。落实社区卫生服务机构与大型医院的转诊预约，引导居民分级就诊、有序就医。推进卫生信息化建设。完善新型农村合作医疗制度，提高新农合保障能力。

五、社区建设

按照"居民自治、议行分设"的原则，完善社区管理体系，强化社区服务功能，推进社区管理精细化、网络化、全覆盖发展，建立现代社区治理结构。

（一）社区管理

完善社区管理体系，深入开展社区规范化建设。加快推进社区完成社区居民代表大会、社区居民委员会、社区联席会、社区听证评议会的"四位一体"社区自治制度建设。大力推进"居委会+社区服务站"模式，加强源头管控，区财政提供配套资金，支持解决居委会办公用房问题。进一步加大老旧社区环境改造力度，力争用五年时间完成新城地区所有老旧社区改造任务，周边地区无失管社区。科学统筹社区物业服务管理工作，依法保障业主委员会行使权利。加强社区调解队伍建设，探索人民调解、行政调解和司法

调解的工作衔接机制，构建社区大调解工作格局。鼓励企业以连锁经营、品牌加盟等服务业态进驻社区，加快推进社区电子商务发展，促进便民服务体系建设。建立社区建设理论研究机构，为提升社区建设水平提供理论和方法支撑。

（二）社区服务

强化社区服务功能。以"综合受理，一站式服务"，加强基本公益性社会服务体系建设，建立政府向社会组织购买公共服务机制，加大对公益性社会服务组织的扶持力度。向城乡居民广泛提供养老、体育健身、文化娱乐、心理疏导等方面的社会服务，提高公益性社会服务供给能力和水平。深化社区为民服务代理制度，健全完善区、街、居三级服务代理网络和工作运行机制，拓展服务代理领域，积极为居民提供劳动就业、社会保障、医疗保健、计划生育、文化教育以及政策、法律、科技等多方面的服务。整合社区志愿服务资源，按照社区所需、志愿者所能的原则，积极开展志愿服务，力争每个社区都有志愿服务品牌。积极探索建立农民工住房和社会保障、计划生育、工伤保险、子女教育以及空巢家庭留守儿童照料服务等工作机制。保障社区安全，加强对社区居民的安全培训，做好安全知识宣传。

六、人口服务与管理

坚持发展经济与控制人口数量、提高人口素质相结合，保障人口安全，以"四区协调、多策并行"为原则，有序推进服务与管理为主导的人口管控。

（一）规模调控

着眼人口与环境、资源协调发展，通过拆迁、整治、控违和以补促管等措施，加强对全区流动人口的规模调控。尝试建立人口与经济社会资源环境协调发展的指标体系和评估方法，构建人口安全预警和应急管理体系。加强人口发展调控的基础作用，提高人口发展的科学决策、社会管理、公共服务水平。探索建立新形势下人口与经济社会协调发展的运行机制，形成综合治理人口发展问题的工作格局。着力加强城乡结合部社会管理，持续推进社会管理创新。保障产业发展的劳动力合理需求，规范流动人口规模适度调控机制。推进流动人口服务管理体制创新，探索建立农民工住房、社会保障、计划生育、工伤保险、子女教育以及空巢家庭、留守儿童照料服务等制度。继

续巩固村庄社区化管理机制，积极探索覆盖全区的社区化管理模式，努力把城市文明带到农村，惠及广大农民和流动人口。

（二）布局引导

有序推进新城居住区、新市镇居住区、产业居住区、新农村居住区协调发展。统筹推进新城的交通路网、生态环境和商业体系发展，提升新城居住区承载力，有效吸纳中心城区疏散人口。依法赋予经济发展快、人口吸纳能力强的新市镇相应行政管理权限，探索多种模式的城业融合发展，有效吸纳农转居人口。按照"居业集中、有序分布"的原则，实现廉租房建设和开发区扩区的联动发展，有效吸纳产业居住人口。稳步推进农村城市化进程，深入落实社区化管理模式，切实改善新农村居住区生活质量。

（三）结构优化

建立人口发展动态预警监测机制，规范人口出生、流动迁移、死亡、就业等信息统计和发布制度。实施优生促进工程，提高出生人口素质。倡导群众自觉接受婚前、孕前以及孕产期医学检查。加强婚育咨询指导，防治性病艾滋病。计划生育基本免费项目覆盖全体育龄人群，推进育龄群众享有优质的计划生育和生殖健康服务。实施"计划生育家庭福利工程"，加大计生家庭利益导向力度，促进人口政策与经济社会政策的有效衔接，逐步形成以奖励引导、困难补助、养老救助、医疗扶助等为主的人口和计划生育利益导向机制框架。

（四）责任落实

加强和完善流管站软硬件建设，作为开展流管工作的基础。强化管理员队伍的管理，完善各项奖惩制度，加强培训，使专职管理员适应网格化管理工作模式，使管理员在日常服务管理工作中充分发挥管理作用。做好重点地区清理整治工作，定期组织功能部门会商，定期进行清理整治，重点跟踪已被清理整治的部位，防止反弹。

七、公共安全

（一）综合治理

提升刚性管理和柔性服务相结合的综治体系建设。保障产业发展的劳动力合理需求，规范流动人口规模适度调控机制，加强流动人口计划生育服务

管理工作。淘汰劳动密集型低端产业，改造升级传统服务业，规范企业用工行为。通过提高流动人口社会保障参与率、企业最低工资等手段，增加劳动力成本，加速形成低端产业的退出机制。

（二）社会治安

加大社会治安管理力度，维护安全舒适环境。大力推进公安科技信息化建设，为强化全区社会治安防控提供支撑。深入推进科技创安工作，大力发展图像监控系统，全面普及街面、路口、重要单位、要害部位的视频监控系统建设。充分整合社会电子监控信息资源，最大限度联入公安分局图像信息平台。加强民爆危化物品监管系统建设，不断提高安全信息化监管水平。强化中小学公共安全教育与模拟演习。

（三）消防安全

构建完善的消防安全建设管理体系。加强消防基础设施建设，合理布局，覆盖全区。加快消防二级分指挥中心和消防中队建设，进一步推动公共消防设施以及缺水地区消防水源建设。推进社会单位开展消防安全"防火墙"工程建设。贯彻预防为主、防消结合的方针，按照政府统一领导、部门依法监管、单位全面负责、公民积极参与的原则，实行消防安全责任制，建立健全社会化消防工作的网络。

（四）应急管理

坚持居安思危、预防为主，进一步提高突发事件综合防范能力。加强农产品、日用品、资源能源等生活、生产必需品的应急保障体系建设。加强食品卫生监督管理，保障食品安全。建立健全应急管理组织体系，完善城市安全运行监测预警机制。加强基层必要的人员队伍、基础设施、设备和避难场所的建设，提高基层单位自身防灾抗灾能力，协调当地通信、水电气热、环卫等单位，增强公共安全基础设施抗灾和快速恢复能力。加强应急演练和应急通行机制建设，推进综合应急救援队伍、应急避难场所、公共安全宣教基地、物联网应用等重点项目建设，夯实基层应急管理工作，狠抓值守应急、信息报送、预案制定及应急抢险队伍、设备和物资管理，确保实现可持续安全发展，为建设宜居宜业和谐新区保驾护航。

第六章　文化软实力

立足大兴，放眼全球，塑造以产业文化、科学文化和生态文化为核心的文化内涵，展现文化引领的都市旅游品牌形象，建设本地化和国际化文化融汇、文化事业和文化产业辉映，崇尚创新，和谐文明的文化新区。

一、人文新区

（一）文化建设

着力提高群众文明素质。强化理想信念教育，加强思想政治教育和未成年人思想道德建设。积极推进社会公德、职业道德、家庭美德、个人品德建设，深入开展群众性精神文明创建活动，广泛开展志愿服务。着力培育奋发进取、理性平和、开放包容、鼓励创新的社会心态，提倡修身律己、尊老爱幼、勤勉做事、平实做人，营造我为人人、人人为我的社会氛围。

推动文化事业全面繁荣。合理布局文化设施，配合三城建设，推进亦庄新城和大兴新城新兴社区文化基础设施建设，实现公共文化设施全面覆盖。加大文化发展资金投入，鼓励社会力量积极参与公益性文化建设，拓宽服务渠道，健全服务网络。规范公共文化服务设施运行管理机制，专人管理，专款投入，提升文化大院、文体中心的使用效率和功能，进一步加强"农民艺术节"等传统文化品牌宣传，赋予和提升时代发展内涵。积极开展国防教育，加强军（警）民共建，不断完善"双拥模范城"工作机制。加强文物古迹保护，探索文物古迹保护的新模式，开展非物质文化遗产收集、申报和传承，突出区域传统文化特色。

推进文化产业快速发展。加快国家新媒体基地、印刷产业园建设，打造文化会展中心。整合新区媒体资源，推进全媒体互动平台、户外媒体资源开发体系、中国国际全媒体中心和无线数字信号发射塔建设。规划建设南中轴文化发展带，推动旧宫数字体验馆建设。在义和庄、亦庄、城北区建立图书馆分馆，加快启动区文化博物馆和综合档案馆的建设，推进庞各庄薛营回族文化一条街发展。

重视地方历史文化整理、挖掘和传承。充分发挥地方志"资政、存史、教化、育人"的作用，坚持"党委领导，政府主持，地方志编委会组织实

施"的修志体制,做到领导到位、机构到位、经费到位、队伍到位、工作条件到位。与全市第二轮修志安排同步,编修《大兴区志(1991~2010)》,逐年编辑出版《大兴年鉴》,各镇(街道)村要重视快速城镇化进程中的镇(街道)志、村志搜集整理工作,适时规划建设区方志馆。

(二)科普活动

大力开展科学技术教育普及工作,增加科普投入,着重提高未成年人、农民、城镇劳动人口、社区居民、公务员五大人群的科学素质。

深化面向城镇的科普活动。组织推动在企业、学校、社区广泛开展科技宣传教育和科普活动。推进各类科普教育基地实行定期对公众免费或优惠开放。在有条件的自然保护区、森林公园、植物园、博物馆、可开放实验室增设互动科普设施。在城乡社区和有条件的企业建设科普画廊(宣传栏)、科普活动室(站)。适时规划建设新区科技馆。

深化服务乡村的科普活动。进一步加强乡镇科普基础设施建设。发挥各级科技工作站、文化站的作用,通过农业科技大院、农村科技示范基地、农民田间学校、现场观摩会、科技大集等多种形式,进一步加强农民科技培训,确保农民及时掌握各项农业抗灾技术措施要领。建立农村党员干部现代远程教育终端接收站点。

(三)群众体育

大力推进群众体育设施建设。完善全民健身活动配套设施建设,完善全区三级健身网络。以"小区体育设施全覆盖"为目标,大力增建面向儿童、老人的体育设施,因地制宜建设篮球活动场等群众体育健身设施。加强学校体育建设,推动中小学"阳光体育运动"工程实施。改造体校基础训练设施,建成"训、教、住、科"为一体的四集中优秀业余训练基地。适时规划建设可用于举办大型比赛项目和活动的体育场馆。

增强群众体育活动覆盖范围。举办各种群众传统体育赛事。加大对知名赛事的引进力度,扩大宣传,提高知名度,带动本地体育产业发展。加强青少年运动员的选材和培养工作。积极引进高水平专业运动队。提高体校管理水平,落实教练员资格认证和岗位培训制度。

二、旅游发展

旅游是文化交流与传播的重要途径。在巩固大兴"绿海甜园，都市庭院"旅游品牌形象的基础上，大力发展生态体验、休闲度假、工业科技、商务会展、文化创意、时尚体育等高端旅游产品，持续提升旅游服务承载能力，展现"文化引领、创意带动、科技保障、体验丰富"的都市旅游品牌形象。

（一）生态体验

发展城市绿色生态游。依托南海子公园、万亩滨河森林公园、南中轴森林公园及永定河绿色生态发展带的生态资源，建设集生态休闲、亲水娱乐、文艺演出、体育活动于一体的综合性城市公园体系，面向全区和全市居民的休闲游憩理想场所。

提升都市农业观光游。依托"绿海甜园"农业产业资源，重点推进永定河和庞采路"T"形观光休闲产业带建设，持续改造提升一批农业观光园区的景观环境和服务接待能力，大力建设绿色生态景观和田园景观，发展集农业、会展、休闲、文化、商贸等多功能于一体的特色旅游，促进城乡旅游互动发展。

（二）休闲度假

做强健康休闲游。开发利用采育、半壁店等地区的森林资源和地热温泉资源优势，推进采育凤凰绿色温泉康体中心、星明湖温泉度假酒店等重点项目建设，以冬季温泉度假、夏季水上避暑为特色，大力发展休闲度假、疗养康复等健康旅游业态。

做大特色节庆游。进一步巩固提升"大兴西瓜节"、"春华秋实"、"安定桑葚节"、"梨花节"、"采育葡萄文化节"、"庞各庄金秋采摘节"等系列品牌节庆活动的影响力。策划举办新媒体旅游节、音乐节、艺术节等新型节庆活动。积极争取承办全市及国内外重大节庆会展活动。

培育时尚运动休闲游。推动北京时尚体育休闲公园、森林假日体育休闲公园等项目建设，重点发展以滑板、小轮车、摩托车越野、户外拓展等小众项目为主题的特色体育运动，积极承办国际级时尚体育运动赛事，打造具有世界影响的时尚运动和互动交流中心。

（三）工业科技

积极发展新媒体影视体验游。发挥大兴国家新媒体产业基地的品牌优势，整合星光影视园影视节目制作、动漫创作和多媒体技术创新创意资源，发展参与性、体验性旅游项目，促进影视动漫周边衍生产品的开发销售，建成国内知名的文化创意旅游基地。

大力发展现代工业科技游。依托高技术制造业和战略性新兴产业基础，以奔驰汽车、京东方、可口可乐等大型制造业企业为依托发展现代工业游；以新能源汽车产业园为载体，发展汽车产品展示、体验参与、科普娱乐等绿色循环科技体验游；以生物医药产业园为载体，发展科普、保健、养生等生命科学健康游。

（四）商务会展

推动新城商业休憩游。以地铁大兴线、亦庄线沿线为核心区，重点建设亦庄新城、大兴新城商业区。建设一批地标性城市商业综合体和大型购物中心，大力引进国内外知名的商业龙头企业和品牌旗舰店进驻，丰富商业业态组合，美化沿街商业景观，满足本地居民和外来游客的消费休憩需求。

培育高端商务会展游。充分发挥新区高端产业引领和首都新机场国际交通辐射作用，举办消费电子、新能源、新材料、临空经济等大型会展论坛，培育打造特色会展品牌，积极争取大兴成为国内外大型展会的永久会址，"以游促商、以商兴业"，推动商务旅游发展。

三、团结交融

（一）民主法制

推进民主政治建设，健全社会主义法制。坚持和完善人民代表大会制度、中国共产党领导的多党合作和政治协商制度，建立健全公众参与、专家论证、重大决策集体讨论和决策的公开制度，巩固安定团结的政治局面。加强基层民主建设，坚持和完善政务公开、厂务公开、村务公开，保证公民依法行使选举权、知情权、参与权、监督权。健全社会主义法制，全面推进依法行政，建设法治政府。加强司法监督，促进司法公正，维护社会正义和司法权威。加强法制宣传教育，提高全民法律素质，形成遵法守法、依法办事的社会风气。

（二）民族宗教侨务

加强对民族宗教侨务工作的领导。将民族宗教侨务工作列入各级党委、政府议事日程，采取多种形式广泛开展民族团结宣传教育活动。充分发挥区、镇民族宗教领导小组及民委委员单位作用，加强"三级"管理网络建设，落实责任制。正确处理影响民族团结和宗教和睦的突发性问题，维护社会稳定。在直接为少数民族生产、生活服务的单位，配备一定数量的少数民族干部，加强民族村党支部、村委会班子建设。

发展民族经济、教育、文化、体育事业。采取有效措施，加快民族村经济发展。通过政策引导，鼓励经营者在少数民族群众较为集中的地区，设立清真饭店、清真超市和超市清真专柜，保障清真餐饮副食供应。加强民族教育工作，适时成立区民族教育学会。弘扬少数民主优秀文化，促进民族工作社会化，积极推广民族传统体育项目，加强民族传统体育训练基地建设。

依法管理宗教事务。加强宗教团体和代表人士队伍建设，做好宗教房产落政工作，规划建设和改造宗教场所，依法管理宗教事务。

做好各项侨务工作。加强侨务工作机构建设，发挥区侨务工作领导小组作用，整合各方面资源，做好侨界维权、侨资企业服务、社区侨务工作。

（三）国际交流

坚持国际化视野。利用前瞻性眼光看待国际机遇与挑战，开展多渠道、多层次、全方位的国际合作与交流，努力适应与利用国际通行规则，积极融入国际经济合作竞争，加快经济社会发展的国际化进程，建设世界城市的产业先行区。

营造国际化环境。建设国际一流的科技、教育、医疗等基础设施，加快高端休闲场所和国际化居住区的建设。规范公共场所的国际化标识设置，加强窗口服务行业员工的双语培训，促进适宜国际投资和产业发展的区域政务、商务、社会和人居环境建设。

推动产业国际化。着力推动自主知识产权、自主品牌产品和高技术含量、高附加值的产品出口，优化进出口商品结构。大力吸引世界 500 强企业和新兴产业领军企业，引导外资投向高技术制造业、高端服务业等领域，进

一步突出产业发展的国际化定位。

引进国际化组织。加强与国际会展机构的合作，建立低碳经济全球展示基地，定期举办绿色发展、新兴产业及都市农业示范等主题文化交流活动。积极引入国际标准化组织与认证认可协会，为战略产业的国际化发展提供便捷服务。

第七章　人才战略

实施人才强区战略，坚持党管人才、以用为本，按照"服务发展、引领创新，高端带动、整体开发，创新机制、服务人才"的总体定位，确立人才优先发展地位，开发利用好国际国内两种人才资源，基本确立人才竞争比较优势，在建设世界人才之都的进程中走在全市前列，努力建设开放型、创新型、引领型的人才高地。

一、人才培养

分类指导，统筹推进城乡、区域、产业、行业等人才资源开发，突出培养创新型人才，注重培养应用型人才，全面提升人才能力素质。

（一）培养方式

着眼于提高企业经营管理水平和国际竞争力的需要，发挥政府的服务协调作用，搭建企业人才培养平台，定期开展经济、科技、文化等专题培训，组织会议会展、国际交流考察等活动。依托骨干企业集团、科技成果产业化基地、重点职业院校和培训机构，围绕产业跨越发展和自主创新能力提升的需要，每年培养万名电子信息、装备制造等领域的实用技术人才。实施专业技术人才知识更新工程和高技能人才振兴计划，建设一批高技能人才培养基地和公共实训基地。对企业用人单位接纳高等学校、职业学校学生实习给予财税支持。通过远程培训、开展竞赛等方式创新人才培养方式。

加大公共服务人才培养力度，制定教育文化、医药卫生、体育等领域的人才培养计划。完成全区中小学教师和基层医疗卫生服务机构医务人员的轮训，重点培养一批中青年教学骨干和专科医师。鼓励并协助企业建立与高校、协会组织和国外企业机构之间的教育和培训对接机制，扩宽人才培养渠道。

（二）培养机制

完善"重大项目+示范园区+人才培训"的立体化农业科技人才培养模式。推进与中国农业大学、农科院等高校和科研机构的双向合作。实施农村实用人才素质提升计划和新农村实用人才培训工程。引导发挥涉农企业的作用，通过"企业+农户"的方式培养农业科技人才。发挥农村现代远程教育网络、农业技术推广体系的作用，提高农民科技应用能力。

以科级干部和中青年干部培养为重点，制订培训计划、加大培训投入，采取理论学习和工作实践相结合、在职培训与脱产进修相结合、对口培养与轮岗交流相结合、挂职锻炼与交叉任职相结合等多种方式，拓展公务人员的国际化、专业化视野，提高公务人员的理论政策水平和分析处理复杂经济社会问题的综合能力。

二、人才引进

按照"一体化、高端化、国际化"的目标要求，加大人才引进力度，加快海内外高端人才集聚。

（一）引进渠道

定期编制产业创新创业精英人才需求目录，重点引进电子信息、生物医药、装备制造、汽车制造等先进制造业专家型、领军型人才。鼓励用人单位以岗位聘用、项目聘用、任务聘用等方式引进高层次人才，优先保障重点企业和重点工程的人才引进指标需求。鼓励海内外高层次人才来新区从事兼职、咨询、讲学、科研活动，开展技术合作、技术入股、投资办企业或其他专业工作。

（二）引进机制

探索设立由区主要领导统筹协调的海内外引才引智平台和工作站，招聘海外高端人才。持续深化行政管理体制改革和事业单位体制改革，推行人员聘用制，加大高层次人才吸引力度。建立完善政府、事业单位和企业间的人才有序流动机制，积极引进德才兼备、精通专业，实践工作经验丰富的领导干部和专业干部。编制高层次紧缺人才引进目录，定期向海内外发布需求信息，引导供需对接。重点引进一批业务水平高、年富力强的名教师、名医师。

三、重点工程

培养与引进相结合，国外与国内相结合，重点实施十大人才工程。

（一）产业人才聚集工程

实施"产业高端人才开发计划"，培养聚集具有世界眼光和战略思维，能够支撑、引领重点产业发展的高端人才；利用"项目引才"、"以才引才"、"团队引才"、"环境引才"等方式，大力引进电子信息、生物医药、装备制造、汽车制造、新能源和新材料、航空航天、文化创意、都市产业以及金融财务、国际商务等领域紧缺人才。与国内外高等院校和科研机构广泛合作，建立主导产业紧缺人才培养体系；建立区域公共研发平台，降低人才培养成本；鼓励用人单位建立重点工程实验室、工程研究中心、技术中心及研发机构，根据发展需求培养、开发产业人才。发挥产业协会等组织凝聚产业人才的作用，为产业人才沟通交流提供平台。

（二）创新人才推进工程

利用国家和北京市重点建设工程、重点科研项目、重点实验室等平台，在科技攻关中培养造就一批创新型科技领军人才和高水平创新人才团队；发挥领军人才、核心技术研发人才的辐射和带动作用，促进创新人才团队的形成；在电子信息、生物医药等领域培养建立海外高层次人才领衔的人才团队；吸引世界500强企业、跨国公司、企业总部等落户新区，推动创新人才和人才团队的形成和发展。

（三）海外人才引进工程

实施"国际高端人才聚集计划"，依托中央"千人计划"、北京市"海聚工程"、中关村"高聚工程"和新区"海外高层次人才引进计划"（"新海计划"）的遴选平台，按照"人才引进与产业发展相结合、回国创业与回国工作相结合、支持个人与扶持企业相结合、国内发展与国际合作相结合"的原则，大力吸引海外高层次人才，力争到"十二五"期末，入选中央"千人计划"35人左右、入选北京市"海聚工程"60人左右、入选中关村"高聚工程"60人左右、认定新区海外高层次人才300人左右。

（四）青年英才开发工程

加强对青年人才思想道德素质的培养，对素质好、能力强、想发展的青

年人才持续跟踪培养；千方百计地为各类青年人才创造成就事业的机会，不拘一格选拔优秀青年人才；提升青年人才创业创新能力，重点落实好中国青年创业国际计划（YBC）；利用博士后科研工作站和博士后创新实践基地等创新平台培养青年人才；通过岗位练兵、技术比武、挂职交流等多种形式发现和使用青年人才；依托重大科研和工程项目、国际交流合作项目，培养一批具有国际视野和世界前沿水平的青年人才；加大"北京市优秀人才培养资助"、"留学人员科技活动择优资助"工作力度和"新世纪百千万人才"、"北京市优秀青年知识分子"、"北京市优秀青年工程师"选拔力度，使更多的青年人才脱颖而出；开展"导师带徒"活动，加快培养青年技能人才；鼓励大学生"村官"、农村优秀青年立足农村，服务农民，带动新农村建设。

（五）党政人才素质提升工程

坚持把提高党政人才的政治素养和职业道德水平放在教育培训工作的首位，提高党政人才驾驭全局和审时度势的能力、把握产业发展的能力、现代城市管理的能力和推进城乡一体化建设的能力，培养一批"具有开阔的国际视野、熟练掌握国际通行的规则、具备出色的沟通能力"的党政人才。创新党政人才教育培训模式，加大对外交流力度，进一步规范和加强公务员任职和在职培训；科学设置党政人才岗位，重点向基层倾斜；大力引进新区发展的各类党政人才，抓好后备干部队伍建设；完善党政人才交流轮岗制度，完善党政人才、企业经营管理人才、专业技术人才交流和挂职锻炼制度；加大选拔优秀年轻干部力度，注重培养、选拔女干部、少数民族干部和非中共党员干部，加强配备正职女领导干部的工作；完善竞争性选拔干部工作机制，建立和完善科学规范的党政干部考核指标体系。

（六）高技能人才振兴工程

适应走新型工业化道路和产业结构优化升级的要求，以提升职业素质和职业技能为核心，以技师和高级技师为重点，完善以企业为主体、职业院校为基础、学校教育与企业培养紧密联系、政府推动与社会支持相结合的高技能人才培养体系，打造一支门类齐全、技艺精湛的高技能人才队伍，到2015年，高技能人才总量达到3.2万人左右，占技能劳动者总量的33%，技师、高级技师达到1万人左右，女性高技能人才的数量明显增加。制定加强高技

能人才队伍建设的政策措施，鼓励企业建立"首席技师"制度和"高技能人才工作室"，建立新区高技能人才津贴制度，加大高技能人才的交流和选拔力度。

（七）企业管理人才培养工程

以提高现代经营管理水平和企业国际竞争力为核心，以战略企业家和职业经理人为重点，培养造就一批具有全球战略眼光、市场开拓精神、管理创新能力和社会责任感的优秀企业家和一支高水平的企业经营管理人才队伍，到 2015 年，企业经营管理人才的总量达到 9 万人左右。依托知名跨国公司、高水平大学和其他知名培训机构，加强企业经营管理人才培训；加大国有企业经营管理人才的选拔、培养力度，完善年度薪酬管理制度、协议工资制度和股权激励等中长期激励制度。发挥企业协会、行业协会等组织的桥梁和纽带作用，加强国有、民营、外资企业管理人才之间的交流。

（八）专业技术人才建设工程

以提高专业水平和创新能力为核心，以高层次人才和紧缺人才为重点，建设一支高素质专业技术人才队伍，到 2015 年，专业技术人才总量达到 16 万人左右，具有高级专业技术职称的专业技术人才达到 1.7 万人左右。做好国家及北京市有突出贡献专家、享受政府特殊津贴专家、新世纪百千万人才工程等人才培养选拔工作；全面提高教师队伍政治思想素质、职业道德水准和教育教学能力，到 2015 年，95% 的幼儿园专任教师、小学专任教师达到大专及以上学历，90% 的初级中学专任教师、中等职业学校专任教师达到本科及以上学历，高级中学专任教师全部达到本科及以上学历，其中 15% 的高级中学专任教师达到研究生水平。实施教育家型校长培养工程，重点培养 30 名左右的中小学校长、幼儿园园长，大力引进全国知名的中小学校长和特级教师、骨干教师。大力培养医疗卫生学科带头人及业务骨干，到 2015 年，卫生专业技术人员中，8% 具有研究生学历，40% 具有本科学历，10% 具有高级专业技术职称，35% 具有中级专业技术职称，其中女性专业技术人员的数量明显增加。继续评选新区医学首席专家，有计划地引进高层次卫生专业技术人才、管理人才和高学历医学专业毕业生；积极参与北京市卫生系统"215"、"十百千"人才的遴选；加强与名医、名院的联系，大力推行区域医

疗共同体建设。

（九）农村实用人才支撑工程

继续深化与中国农科院、北京农林科学院的农业科技合作，加强市级农村实用人才示范实训基地建设，加大农村实用人才培养力度；逐步提高社会文化类、乡村旅游类、营销类和管理类等农村实用人才比重；制定农村实用人才奖励制度，对有突出贡献的农村实用人才给予奖励和扶持；鼓励各类人才到农村创业兴业；到 2015 年，农村实用人才总量达到 7000 名左右，每名农村实用人才掌握 1~2 项实用技术，农村实用人才的结构更加合理。

（十）社会工作人才发展工程

适应构建和谐新区的需要，以人才培养和岗位开发为基础，以中高级社会工作人才为重点，大力推行职业资格管理制度，培养造就一支职业化、专业化的社会工作人才队伍。到 2015 年，新区社会工作人才总量达到 1.2 万人左右，具有社会类专业技术职称的占 12% 左右，力争注册志愿者人数占社区居民总数的 15% 以上。

四、人才服务

制定开放的人才政策，完善人才公共服务体系，建立全方位、一体化的人才服务网络；优化就业创业环境，以环境吸引人、以环境留住人。

（一）生活保障

建立完善的人力资源公共服务体系，鼓励公共人力资源服务机构创新。制定实施《大兴区、北京经济技术开发区关于为高层次人才提供专项服务工作的意见》《关于鼓励高层次人才来大兴区、北京经济技术开发区创业和工作的意见》，建立"党政领导直接联系高端人才"、"政府特聘专家"、"专家委员会"等工作制度。构建全流程的公共服务链，为各类人才提供良好的工作生活环境。依托海外学人分中心，为海外高端人才居留、出入境通关、落户、社会保险、医疗保障、子女就学、住房等提供一站式服务。探索有利于吸引各类人才来新区发展的住房保障机制，千方百计解决企业员工住宿难问题。

（二）事业发展

破除不利于人才发展的机制性障碍，从人才培养开发、评价发现、选拔

任用、流动配置、激励保障等方面形成更加科学、更具活力的机制。实施统一的人才政策，每年设立"1亿元人才发展专项资金"，并根据人才工作发展需要建立相应增长机制，形成具有吸引力和竞争力的新区人才政策体系和资金保障体系。

建立人才资本投入增长机制，教育、科技支出增长幅度要高于财政经常性收入增长幅度，卫生投入增长幅度要高于财政经常性支出增长幅度。建立科研经费匹配制度，对获得国家和北京市资助的科研项目，给予一定的经费匹配。鼓励企业通过市场机制引进紧缺人才，并给予一定的经费支持。加大对人才公共服务机构的财政投入，积极争取国家和北京市优秀人才培养资助资金，为优秀人才提供更多的国内外考察和学习机会。鼓励企业建立职业年金计划，提高人才对企业的忠诚度。

加强知识产权服务与保护，积极支持高层次人才申请国外专利。建立高层次人才建设领导责任机制，定期组织高层次人才满意度调查和工作评估，建立各级领导干部听取高层次人才意见的"直通车"制度。加大突出贡献人才表彰力度。吸收符合条件的海外人才参加政协、青年联合会、工商联等人民团体和组织。遴选一批符合条件且本人愿意的高层次人才担任各级党委和政府咨询专家。

第八章　生态建设

围绕资源节约、环境保护与经济社会协调发展，积极推广低碳、绿色的经济发展和消费方式，不断加强生态保护与环境治理，构建绿色生产体系、绿色消费体系和绿色环境体系，建设宜居宜业的绿色家园。

一、绿色家园

（一）园林绿化

以产业环境承载、京南生态门户、绿色和谐家园、创新高效园林为发展理念，按照"一轴、两带、三环、多园、多廊"绿地空间布局，综合提升园林绿化生态、产业、文化、安全、服务五大功能，实现生态效益、社会效益和经济效益的统筹兼顾。

一轴：生态文化轴。首都新机场高速以东、京台高速以西的大型绿色开敞空间，通过南中轴森林公园、魏善庄园林新市镇、新航城的绿地建设，促成首都中轴的南延发展，打造大兴生态文化中轴线，传承首都中轴文化，形成区域绿色风廊。

两带：永定河生态游憩带和产业园区生态服务带。永定河生态游憩带是指大兴境内永定河东岸的滨河绿色开敞空间，以生态保护、水源涵养、防风固沙为基础，适度发展郊野休闲游憩、果园观光采摘、体育休闲运动、永定河文化展示等功能的生态游憩带。产业园区生态服务带是指亦庄新城西侧的绿色开敞空间，结合凤河水系生态保护、防风固沙功能，为该区域的产业园区和京津塘城镇发展带形成合理的外围绿地空间，提升产业园区生态环境、展示产业特色形象。

三环：以生态林、生态经济林建设为基本手段，结合产业发展需求，在大兴新城、亦庄新城和未来新航城周边布局重点林业产业项目，与城市外围其他绿地形成城市生态隔离环。

多园：通过各类、各级公园绿地的建设，使城镇内实现公园绿地500米服务半径全覆盖，区域内形成散点式公园空间布局。

多廊：通过通道绿廊和水系绿廊形成绿色网络空间。

高标准做好南海子公园、南中轴森林公园、滨河森林公园的规划、建设、管理和运营工作，高水平建设永定河绿色生态发展带。加大沿路、沿岸、平面楼顶绿色覆盖力度，构建碧岸纵贯、绿网交织、花果相宜、园城辉映的生态园林新区。

（二）生态安全

重点加强北京南部氧源绿地、风沙治理生态屏障、永定河水岸生态防护、进京通道绿廊绿化建设，为首都城市发展提供生态屏障。构建大兴绿地系统完善贯通的生态廊道网络，以"斑块—廊道—基底"为基本模式构建由区域生态网络、城区绿地网络和局部网络紧密联系构成的生态安全格局。

二、低碳新城

（一）低碳生产

综合运用理念宣传、政策引导、规划调整、技术进步、示范推广等手段，深入推进开发区国家生态工业示范园区的建设。强化资源节约和再生利

用，降低工业生产中的资源和能源消耗。加强工业节水，建设节水型工业园区，限制高耗水工业发展，提高工业用水复用率；加强农业节水，开展以农田节水、雨洪利用等工程为主的农田水利基本建设。继续完善对资源综合利用企业、清洁生产项目的财政和税收优惠政策。采用直接投资或资金补助、贷款贴息等方式，加大对资源循环利用的重大项目和技术示范产业化项目的资金支持力度。研究制定促进资源循环利用的价格和收费政策，引导消费者使用资源循环利用产品；鼓励社会资金投资资源循环利用企业和项目。

（二）低碳生活

倡导低碳生活方式，鼓励节水节电、公交出行和使用环保包装及产品。促进居住社区和公共建筑的节能减排，推广采暖供热系统节能技术，提高锅炉、建筑内外管网系统的能源利用效率，推广家用节能产品。实施新农村新能源示范工程，加快太阳能、生物质能、地热能等新能源的推广和利用，支持长子营新能源示范镇和采育地热资源阶梯利用示范镇建设。加强建筑节水，新建建筑强制安装节水器具和设备，加快现有建筑节水器具和设备的更新改造；加强生活节水，大力推进住宅小区中水回用工程建设。建设中水管网，提高城市中水利用率。制定节能惠民产品目录。

三、环境保护

（一）污染防治

实施污染保护与污染治理工程。加强大气污染治理力度，完善主要大气污染物总量控制制度，加快取暖设备升级改造和燃煤锅炉房改燃气的实施步伐。加强永定河流域大兴段综合治理，做好水源保护区管理工作，推进污水处理厂建设和已有污水处理设施改造，加快污水截留和管网工程建设。有效治理道路、铁路、机场、建筑、餐饮、娱乐等噪声污染源，创建安静居住小区。统筹废弃物收集与处置，确保实现垃圾的分类和减量，提高垃圾无害化处理率，强化垃圾的资源化处理。

（二）执法监管

加强环境质量监测系统和重点污染源在线监控网络。严格执行环境影响评价制度，加强对建设项目环境影响评价的监管力度；加强对重点企业污染企业的监管，加快"三高"企业退出。

第九章　体制机制创新

深入推动行政、经济、社会等领域改革创新，继续完善行政区和功能区协调发展机制，理顺管理体制，增强发展活力，成为"机制新、活力大、效率高"的创新驱动前沿。

一、两区行政资源整合

深化行政管理体制改革。创建服务型、责任型、法制型、创新型政府。深入推进两区行政资源整合，建立一体化的经济社会管理体系，加强规划编制、劳动就业、数据统计、社会管理、城市管理、公共服务、信息资源等方面的融合，完善与新区发展相适应的精简、高效的行政管理体系。深化行政审批制度改革，做好与市级审批权限下放和政策支持的衔接配套。

加快提升政务效率。继续推进综合行政服务平台建设，进一步完善"区、镇（街道）、村（社区）"三级联动服务体系。优化政府内部和对外办公流程，精简环节，并联办理。建设集政务、公共服务、网上办事等为一体的政府综合门户网站。加速移动政务应用进程。建设区城市信息化管理系统，实现市、区、专业处置部门和网格监督员四级联动的管理模式和信息资源共享系统。科学规划建设"智慧大兴"，在公共安全、交通管理、社区服务管理、生态环境监测等方面开展物联网应用试点。

推进社会事业体制改革。合理划分政事职责，将事业单位承担的行政功能划归行政机关；将有条件的事业单位转制改企，推进事业单位的社会化。建立健全符合事业单位性质和工作特点的岗位管理制度。积极培育各类社团、中介和公益组织，建立"枢纽型"社会组织，形成政府管理与社会调节互动互促的社会化管理体系。

深化国有资产监管和国有企业改革。完善"公司+基地"的监管模式，建立统一高效、责任明确、科学合理的国有资产监管体制。完成全区80%以上国有企业的改制与整合，形成规模较大、实力较强、核心业务突出、财务运营规范、治理结构完善的国有资产运营平台和投融资平台。积极推进国有经济成分多元化进程，鼓励引导国有控股、参股企业上市发展。建立健全公司法人治理结构，创新监管企业运行机制，全面改善区属企业领导人员结

构，显著提升整体素质和领导水平。

二、产业促进政策

加快投融资体制改革。深入推动政企银合作机制，建立政府引导、金融资金主导、社会资本参与的多层次投融资体系，建立中小企业信用贷款、信用担保风险补偿机制，完善地方融资服务平台建设管理。创新土地管理与开发利用模式，探索财政支出与公共基础设施建设的私人合作机制。进一步完善政府投资审批的全过程监管机制，建立、完善和规范绿色审批通道，加大对政府投资项目的融资力度，保障经济发展、城市建设、基础设施等重大项目加快实施。加快产业投融资体制创新，建立战略性新兴产业专项基金。完善促进企业上市政策，鼓励企业做大做强、上市发展。

完善重大项目管理体系。构建战略性新兴产业、生产性服务业、科技创新服务业等领域重大项目的全链条管理制度。依据产业发展规划，建立项目准入机制，完善包括投资强度、投资规模、产出效益、能耗水平等因素在内的项目评价标准体系。完善项目评估机制，组织专业机构、专业人员对重大项目引进及投资进行事先评估、事中跟踪和事后评价。探索项目引导机制，按照产业发展和规划布局，完善产业鼓励引导政策。实施项目退出机制，加大对"小散低劣"企业、"三高"企业的腾退力度。形成利益补偿机制，试行对工业用地一级开发亏损补偿以及区域利益平衡补偿。

完善产业创新政策机制。落实国家和北京市有关自主创新政策，加强与中关村国家自主创新示范区的对接协同，完善各项政策措施，鼓励企业人才引进，支持企业自主创新，提高产品研发能力，深化与技术交易、产权交易机构的合作，实施知识产权和技术标准战略，加快科技成果转化及产业化，加强创新平台和产业化基地建设，加快培育一批"北京创造"品牌，有力促进高技术制造业和战略性新兴产业发展。

三、金融改革创新

深化农村金融改革。继续开展农村金融综合改革试验，完善农村信贷、农业投资、农业担保、农业保险和农村信用五大体系和农业企业上市培育体系建设，建立健全风险控制、风险补偿、鼓励引导和融资追缴等机制。积极探索城乡统筹背景下的农村金融改革，实现商业金融、政策金融和合作金融

有机结合，农业金融、民生金融和绿色金融协同发展。鼓励农村金融产品和服务创新，重点支持城乡结合部改造、城镇开发建设、老旧小区改造、农民专业合作组织和都市型现代农业等领域的重大项目。探索拆迁补偿闲置资金的安全有效利用方式，开展农民理财知识培训。有序推进土地承包经营权流转，积极推进农村集体经济产权制度改革，引导鼓励农业科技化、高端化、规模化经营。

强化产业金融服务。积极与各类金融机构开展战略合作，鼓励金融机构来新区发展，在地铁沿线生产性服务业产业园建立新型和中小型金融机构聚集区，为新区产业发展提供近距离支撑。引导金融机构重点支持高技术制造业和战略性新兴产业发展，加快扶持文化创意产业、生产性服务业、科技创新服务业和都市产业的发展。积极吸引外商投资和民间资本，扶持基金产业发展，扩大直接融资比重，鼓励企业发行债券和上市融资。支持新区国有金融机构、准金融机构和金融中介服务机构健康发展、做大做强。

四、城市管理机制

鼓励基层创造，加强人口服务与管理。坚持发展经济与控制人口数量、提高人口素质相结合，以"四区协调、多策并行"为原则，区分不同区域，通过拆迁、整治、控违、以补促管等多种措施，调整改善人口结构，引导人口合理分布。实施本地就业型流动人口服务机制，强化开发区廉租房优先保障功能，纳入区域职业培训计划体系，实现产业工人的养老、医疗、工伤、失业、生育等基本社会保险全覆盖。实施农转居人口综合服务机制，坚持"合理引导、公平对待、完善管理、搞好服务"的方针，为农村富余劳动力有序、合理流动提供保障。加快建立城乡统一的人力资源市场，完善覆盖开发区和城乡的制度化、专业化就业管理服务组织体系。建立区域劳动力市场信息监测、分析与发布制度，深化管理城乡劳动力资源及其职业培训和就业促进工作。

坚持"建管并重"，改善新城交通条件。在对建设和管理进行科学规划的前提下，以高速铁路、地铁轻轨、高速公路、城区连接线建设为契机，同步推进新区内部立体化、微循环交通路网建设。优化提升覆盖城乡的公交服务体系，在公交枢纽周边前瞻规划建设机动车和非机动车停车场，鼓励引导

公共交通出行。探索有效的交通管理方式，坚持部门联动、疏堵结合、主次有别、突出重点，加强对工程车停放、违法运营车辆、无照洗车点等问题的解决力度，通过综合治理切实改善居民交通出行条件。

引导建立低碳绿色的发展机制。采取鼓励引导和监督控制并举、经济手段和行政手段并重的方式，推进低碳绿色发展。提高节能环保标准，严格执行节能减排措施。通过多种渠道开展低碳绿色理念教育宣传工作，加大对节能环保产品的补贴力度，鼓励低碳环保技术推广应用。

五、区域合作与对外交流

加强京津冀区域发展协作力度。以北京经济技术开发区、首都新机场、永定河绿色生态发展带为功能载体，加快推进区域合作深度发展。加快京沪高速产业带、京台高速产业带发展。构建区域交通枢纽体系和物流体系。充分发挥新区的高端产业引领作用，构建"高端科研—高端项目—高端产业链—高端产业集群—高端产业基地"的功能链条，带动京津冀区域实现"梯次互动、高度协同"发展。

探索跨区域社会建设合作模式。探索跨区域城乡一体化发展的新模式和新机制，促进与廊坊市、中心城区与远郊区县、城镇与农村的均衡发展。研究推进医疗、社保、教育、通讯的一体化发展，通讯一地双网率先取得突破，探索建立城乡统一标准的社会保障体系。推进区域协作，实现高端人才自由流动。改善城市公共服务，提升社会保障水平，加大产业工人的市民化、均等化服务力度。探索和推广网格化等管理新模式。

积极开拓区域合作新领域。优化区域综合交通体系，构筑无缝连接交通路网。加强区域物流基础设施建设力度。促进跨区域生态与经济协调发展。建立健全环保联动机制，加强治理河流污染。加强永定河流域生态环境综合治理。坚持政府引导和市场配置相结合，积极探索园区共建模式和投资公司共建模式，加快建立跨区域产业技术联盟和产业集群联盟，推动园区对接、企业对接，集成首都资源，快速占领产业高端，形成富有活力的跨区域发展机制。

第十章　规划实施

为实现"十二五"规划目标，必须积极落实法制、政策、资金、土地、人才、机制等保障措施，把握好规划实施的重点和时序，确保规划目标和任务的全面完成。

一、实施保障

依法实施保障。本规划经大兴区人民代表大会审议通过后实施。区政府依本规划制定年度经济和社会发展计划，报大兴区人民代表大会常务委员会审议通过后执行，并依法向大兴区人民代表大会及其常务委员会报告年度计划执行情况。

配套政策保障。按照规划要求制定并实施配套政策。制定产业发展相关政策，加大产业引导、扶持资金投入，做大做强开发区，加快产业结构战略性调整，形成创新驱动的发展局面。制定新城、新市镇和新农村建设发展相关政策，科学规划、建设、运行、服务和管理，细化落实"四有"工作机制，形成城乡经济社会一体化发展新格局。

财政资金保障。按照规划确定的发展目标和重点任务编制实施年度财政预算。保持资金平衡，防范财政风险，规范专项资金的使用、管理、监督和审计，最大限度地发挥财政资金的使用效益。

土地资源保障。科学编制和严格落实土地利用总体规划和年度供应计划，加强土地供应总量和结构调控，推进用地空间整合，转变项目落地方式，优先保障重点项目用地需求。保持适度的土地一级开发规模，合理安排土地储备和供应，切实提高新城和产业园区土地集约利用水平，严禁对不符合发展规划的建设项目供应土地。

人力资源保障。加强人才引进、培养和服务，建立区域人才需求信息系统，制定人才能力建设评价指标体系，创新区域人才开发、管理和服务机制。优化人才发展环境，重点依托新城和产业园区搭建人才发展平台。

协调机制保障。坚持全区统筹考虑，允分调动区、镇两个积极性，建立强有力的管理协调机制，加强对规划落实、政策安排、项目实施等关键环节的决策管理。

二、规划调整

规划实施过程中，遇到国内外环境发生重大形势变化或其他重要原因，可结合市委市政府、区委区政府最新决策精神，结合重点行动、重点计划完成情况，认真研究是否需要调整修订。如需修订，由区政府提出调整方案，报区人大常委会批准。

参 考 文 献

[1] 陈雄. 试论福建发展第三产业的战略思想 [J]. 福建论坛 (经济社会版), 1993 (1).

[2] 程杰, 武拉平. 经济发达地区城郊土地非农化的实证分析——以北京市大兴区为例 [J]. 城市发展研究, 2009 (4).

[3] 邓于君. 第三产业内部结构演变趋势研究 [D]. 华南师范大学博士论文, 2004.

[4] 丁韦. 第三产业带动就业的现状及发展趋势研究 [D]. 东北财经大学硕士论文, 2007.

[5] 董照辉. 第三产业循环经济建设探讨——以北京市为例 [J]. 生态经济 (学术版), 2007 (1).

[6] 范文洋, 孔祥斌, 门明新, 许皞, 李翠珍. 北京市大兴区耕地资源稳定性评价 [J]. 中国土地科学, 2009 (4).

[7] 符亚明, 吴朋, 沈凤武, 陈金贤. 奥运对北京市第三产业直接影响研究 [J]. 预测, 2003 (4).

[8] 高慧. 中国第三产业区域发展差异分析 [D]. 电子科技大学硕士论文, 2005.

[9] 关长海. 城市现代服务业竞争力研究 [D]. 天津大学硕士论文, 2007.

[10] 何德旭, 姚战琪. 加快发展现代服务业的几个问题 [J]. 财贸经济, 2008 (5).

[11] 何薇. 我国第三产业发展区域差异问题研究 [D]. 重庆大学硕士论

文，2007.

　　[12] 华迎. 北京现代服务业发展现状分析 [J]. 国际贸易问题，2008（10）.

　　[13] 李惠娟. 中国第三产业内部结构的演变规律 [D]. 华南师范大学硕士论文，2003.

　　[14] 李江帆，黄少军. 世界第三产业与产业结构演变规律的分析 [J]. 经济理论与经济管理，2001（2）.

　　[15] 李丽. 第三产业内部结构优化的机理分析 [J]. 商业经济，2009（7）.

　　[16] 李丽. 黑龙江省第三产业内部结构优化及对策研究 [D]. 哈尔滨工程大学硕士论文，2006.

　　[17] 李腾华. 北京生物医药产业基地在大兴崛起 [J]. 中国药业，2003（9）.

　　[18] 李应中. 京郊农村产业发展对策——以大兴区长子营镇产业发展为例 [J]. 中国农业资源与区划，2008（6）.

　　[19] 李志平，白庆华. 论现代服务业的内涵及其发展趋势 [J]. 经济论坛，2006（22）.

　　[20] 刘辉群. 我国现代服务业就业增长效应分析 [J]. 广东商学院学报，2009（6）.

　　[21] 刘建萍. 北京第三产业发展探析 [J]. 北京统计，1995（6）.

　　[22] 刘晶晶. 我国第三产业结构变动与就业研究 [D]. 北京交通大学硕士论文，2009.

　　[23] 吕迅. 黑龙江省第三产业发展现状及对策研究 [D]. 哈尔滨工程大学硕士论文，2006.

　　[24] 欧阳旭. 南京市第三产业发展研究 [D]. 南京农业大学硕士论文，2007.

　　[25] 任帅岭. 重庆市第三产业发展现状及对策研究 [D]. 重庆大学硕士论文，2008.

　　[26] 佘晓亮. 西安市第三产业发展现状及其对策研究 [D]. 西北大学，2009.

［27］ 生物医药基地定址大兴 北京现代制造业又添一大基地 ［J］. 教育设备信息，2002（12）.

［28］ 苏秋高，夏维朝. 对发展我国第三产业的思考 ［J］. 商业研究，2003（10）.

［29］ 苏雪串. 我国第三产业发展的特点及政策选择 ［J］. 云南财贸学院学报，2001（6）.

［30］ 唐龙，陈剑. 北京第三产业存在的问题及对策 ［J］. 首都经济，2002（7）.

［31］ 唐少清. 北京第三产业结构调整与发展规律研究 ［J］. 中国集体经济（下半月），2007（5）.

［32］ 汪孝宗. 首都第二机场或将落户大兴 北京南苑机场搬迁似成定局 ［J］. 中国经济周刊，2009（17）.

［33］ 王佳慧，王志锋. 外商直接投资的产业聚集效应的实证分析——以北京市第三产业为例 ［J］. 城市发展研究，2010（4）.

［34］ 王珊珊. 第三产业内部结构变动与中国劳动力就业 ［D］. 西南大学硕士论文，2008.

［35］ 王志明，张斌，方名山. 现代服务业的内涵界定与分类 ［J］. 上海商业，2009（6）.

［36］ 魏东. 首都第二机场或落户北京大兴 ［J］. 中国经贸，2009（6）.

［37］ 吴彦皓. 上海第三产业结构特点和演变规律研究 ［D］. 上海交通大学硕士论文，2007.

［38］ 夏青. 现代服务业演化机制与效应研究 ［D］. 中国矿业大学硕士论文，2010.

［39］ 辛仁周. 我国第三产业的现状、问题及对策研究 ［J］. 管理世界，1991（3）.

［40］ 杨文会，张春红. 浅谈城郊型生态农业基本特征——以北京市大兴县为例 ［J］. 生态农业研究，1999（2）.

［41］ 翟青. 北京市现代服务业发展的国际竞争力研究 ［D］. 首都师范大学硕士论文，2007.

[42] 张春煜，喻桂华.第三产业结构升级中的就业变动 [J].财贸研究，2004（2）.

[43] 张贵祥，邹昭晞，刘养杰.北京郊区城市化发展的背景与新理念——以北京市大兴区为例 [J].山西师范大学学报（自然科学版），2009（2）.

[44] 张鹏，梁正东.西部地区第三产业发展现状、问题及对策 [J].重庆大学学报（社会科学版），2005（5）.

[45] 周良军.我国第三产业发展水平的统计分析 [D].湖南大学硕士论文，2005.

[46] 周玲珍，王姮.以社会服务业为重点加快发展第三产业 [J].商业研究，2004（10）.

[47] 周晓艳，宗景才.山东省现代服务业的发展现状及对策 [J].华东经济管理，2006（10）.

[48] 李治堂.北京市现代服务业发展研究报告 [M].北京：北京艺术与科学电子出版社，2008.

[49] 北京市第一次全国经济普查领导小组办公室.北京经济普查年鉴2004 [M].北京：中国统计出版社，2006.

[50] 北京市统计局.北京市大兴区统计年鉴2008 [M].北京：中国统计出版社，2008.

[51] 北京市第一次全国经济普查主要数据公报（第一号）.http：//www.stats.gov.cn/zgjjpc/cgfb/.

[52] 北京市第一次全国经济普查主要数据公报（第二号）.http：//www.stats.gov.cn/zgjjpc/cgfb/.

[53] 北京市第一次全国经济普查主要数据公报（第三号）.http：//www.stats.gov.cn/zgjjpc/cgfb/.

[54] 北京市统计局、国家统计局北京调查总队.北京市2010年暨"十一五"期间国民经济和社会发展统计公报.《北京日报》2011年2月21日第3版.